Gegenstand der Kritik des Autors ist das für die psychoanalytische Arbeit grundlegende Konzept des Arbeitsbündnisses von Greenson, das die rationale Arbeit mit dem Patienten erst ermöglichen soll. Der Autor argumentiert nicht nur, daß dieses Konzept die Beteiligung des Analytikers an der Gestaltung des Übertragungsprozesses leugne, sondern zeigt außerdem, daß ein solcher Bereich »außerhalb« der Übertragungssituation zum Einfallstor unhinterfragter gesellschaftlicher, an Arbeits- und Leistungsbegriffen orientierter Konventionen werden kann. Eine unreflektierte Orientierung am Konzept des Arbeitsbündnisses verbindet sich folglich mit einer Tendenz zur Unterminierung des kritischen Potentials der Psychoanalyse. Der Autor sieht in Greensons Konzept einen Kompromiß, der technische Rigidität abschwächen sollte, ohne indes die dominierende ich-psychologische Orientierung einer Kritik zu unterziehen. Der Geltungsbereich des Arbeitsbündniskonzepts ist nach Meinung des Autors auf die Arbeit des Analytikers einzuschränken: »Der Analytiker schließt mit niemand anderem als sich selbst das Arbeitsbündnis.«

Heinrich Deserno, Jg. 1945, Dr. med., Psychoanalytiker, ist seit 1981 wissenschaftlicher Mitarbeiter des Sigmund-Freud-Instituts in Frankfurt am Main. Publikationen zu speziellen Themen der Psychoanalyse.

Heinrich Deserno

Die Analyse und das Arbeitsbündnis

Kritik eines Konzepts

Fischer
Taschenbuch
Verlag

Geist und Psyche
Herausgegeben von Willi Köhler
Begründet von Nina Kindler

Überarbeitete Neuausgabe
Veröffentlicht im Fischer Taschenbuch Verlag GmbH,
Frankfurt am Main, Juni 1994

Lizenzausgabe mit freundlicher Genehmigung der
J. G. Cotta'schen Buchhandlung Nachfolger GmbH, Stuttgart

Gesamtherstellung: Clausen & Bosse, Leck
Printed in Germany
ISBN 3-596-12131-0

Gedruckt auf chlor- und säurefreiem Papier

Editorische Vorbemerkung

Es ist immer wieder erstaunlich zu sehen, wie lange Zeit Grundbegriffe einer Wissenschaft, Begriffe, die diese Wissenschaft geradezu konstituieren, von jeglicher Kritik verschont oder, um es mit einem modischen Wort zu beschreiben, »unhinterfragt« bleiben. Das Phänomen ist auch in der Psychoanalyse zu beobachten. So erschien beispielsweise erst 1978 in den Vereinigten Staaten eine Monographie über die »Couch«, über ein therapeutisches Requisit, das im Volksmund symbolhaft für die gesamte Psychoanalyse steht.

Nun geht zwar der Begriff des »Arbeitsbündnisses« nicht unmittelbar auf Sigmund Freud zurück, sondern wurde in den sechziger Jahren von dem amerikanischen Analytiker Ralph Greenson in den Grundzügen formuliert, aber immerhin brauchte es fast dreißig Jahre, ehe der Frankfurter Psychoanalytiker Heinrich Deserno das Konzept, das sich einen festen Platz im Vokabular der Psychoanalyse erobert hatte, einer gründlichen Analyse unterzog und zu dem Ergebnis kam, daß die Vorstellung eines »Arbeitsbündnisses« zwischen Analytiker und Analysand einerseits das »Instrument« der Übertragung und andererseits das kritische Potential der Psychoanalyse beeinträchtige. Desernos Studie besticht durch gedankliche Schlüssigkeit, sprachliche Klarheit und profunde Sachkenntnis. Sie braucht den Vergleich mit bereits klassischen Grundlagentexten der Psychoanalyse nicht zu scheuen.

wk

Inhalt

Vorbemerkung

Die vorliegende Arbeit stellt zum einen eine Auseinandersetzung mit stagnierenden Analysesituationen dar, wie sie jeder Analytiker kennt. Naheliegend ist die Frage, inwieweit der erschwerte Analyseverlauf mit einer spezifischen Störung der Analysanden zusammenhängt. Da sich aber jede Störung innerhalb des Behandlungsprozesses in eine spezifische Dynamik von Übertragung und Gegenübertragung umsetzt, stellt sich die weitere Frage, ob zwischen Analytiker und Analysand ein Zusammenspiel entstanden ist, das sich den bewußt angestrebten Veränderungen entgegenstellt. Das Konzept der »interpersonalen Abwehr« von Mentzos (1976) erwies sich für diese Zusammenhänge als besonders hilfreich. Da ich seit Beginn meiner therapeutischen und wissenschaftlichen Tätigkeit in der Abteilung für Psychotherapie und Psychosomatik des Zentrums der Psychiatrie der Universitätsklinik in Frankfurt die Möglichkeit hatte, mit dem Leiter dieser Abteilung, Prof. Dr. med. Stavros Mentzos, die praktischen und theoretischen Aspekte zu diskutieren, die sich aus meiner Arbeit sowohl in seiner Abteilung als auch seit 1981 im Sigmund-Freud-Institut, Frankfurt, ergaben, gilt ihm für seine vielfältigen Hinweise auch mein besonderer Dank.

Zum anderen erkannte ich, daß technische Konzepte zwar aus der Praxis heraus entwickelt werden, jedoch potentiell auch im Dienst von sozial- und psychotechnischen Herrschaftspraktiken stehen, ein Befund, der sich in gesellschaftlicher Perspektive als ein Symptom des zunehmenden Verlustes an individueller Selbstherstellung und -objektivierung auffassen läßt. Freuds Kommentar zu Otto Ranks Buch »Das Trauma der Geburt« (1924) kann als historisches

Beispiel für die gesellschaftskritische Einschätzung von Veränderungen der psychoanalytischen Theorie und Praxis gelten. Freud (1937c) hielt Ranks Gedankengang, die Analysedauer könne durch die nachträgliche Erledigung eines Urtraumas entscheidend verkürzt werden, für »kühn und geistreich«, in der Praxis jedoch für unbrauchbar und wies auf den gesellschaftlichen Kontext von Ranks Versuch hin (l. c., S. 60):

»Der Versuch Ranks war übrigens aus der Zeit geboren, unter dem Eindruck des Gegensatzes von europäischem Nachkriegselend und amerikanischer ›*prosperity*‹ konzipiert und dazu bestimmt, das Tempo der analytischen Therapie der Hast des amerikanischen Lebens anzugleichen.«

Prof. Dr. phil. Klaus Horn, dem ehemaligen, 1985 verstorbenen Leiter der sozialpsychologischen Abteilung des Sigmund-Freud-Institutes, verdanke ich viele Anregungen, die sich stichwortartig unter seiner Formulierung von einer »sozialwissenschaftlich aufgeklärten Psychoanalyse« versammeln lassen. Von der allgemeinen Fragestellung ausgehend, inwieweit sich Veränderungen im Gefüge von Einzelnem und Gesellschaft auch in Veränderungen der psychoanalytischen Behandlungstechnik bemerkbar machen, veranstalteten wir 1984 ein gemeinsames Seminar für die Ausbildungsteilnehmer und -kandidaten des Sigmund-Freud-Institutes, in dem ich erstmals Greensons Arbeitsbündniskonzept als Gegenstand einer Kritik vorschlug und dazu ein Arbeitspapier verfaßte.

Vor der Abfassung des vorliegenden Textes hatte ich Gelegenheit, Vorstufen und Teilaspekte meiner Arbeit vorzutragen und mit großem Gewinn zu diskutieren, wie zum Beispiel auf Einladung des Wissenschaftlichen Zentrums II für Psychoanalyse, Psychotherapie und Psychosoziale Forschung der Gesamthochschule Kassel (Prof. Dr. med. Eugen Mahler) sowie des Alexander-Mitscherlich-Institutes Kassel, der Abteilung für Psychosomatische Medizin, Psychotherapie und Medizinische Psychologie der Technischen Universität München (Leiter Prof. Dr. med. Michael von Rad) und der Psychoanalytischen Arbeitsgemeinschaft Heidelberg. Mit folgenden Frankfurter Kolleginnen und Kollegen, überwiegend mit Mitarbeitern des Sigmund-Freud-Institutes, konnte ich meine Kritik des Arbeitsbündniskonzepts diskutieren und präzisieren: Priv. Doz. Dr. phil. Karola Brede, Dr. phil. Hans-Joachim Busch,

Dr. phil. Rolf Klüwer, Dr. med. Ingrid Kerz-Rühling, Prof. Dr. phil. Alfred Krovoza, Prof. Dr. med. Peter Kutter, Dr. med. Wolfgang Leuschner, Dr. phil. Tomas Plänkers, Priv. Doz. Dr. phil. Reimut Reiche und Dr. phil. Christian Schneider. Herr Dipl.-Bibl. Herbert Bareuther half mir bei der Beschaffung der Literatur; Frau Gabriele Moschner schrieb die verschiedenen Manuskriptfassungen und machte Vorschläge, die sich immer als Verbesserungen erwiesen. Nicht zuletzt danke ich den Lektoren des Verlags Internationale Psychoanalyse, Frau Dipl.-Psych. Petra Glück, Herrn Dr. phil. Jürgen Kagelmann und insbesondere Herrn Dipl.-Psych. Stefan Granzow, für die sorgfältige Betreuung dieser Veröffentlichung.

Teil I

Das Arbeitsbündnis im Kontext von Technik, Konventionalität und Übertragung

Kapitel 1
Einführung in das Thema

Ist Greensons Arbeitsbündniskonzept Ausdruck einer Konventionalisierung der psychoanalytischen Methode?

Seit den Arbeiten von Zetzel (1956, 1958, 1966), Greenson (1965a, 1967, 1969, 1971) sowie Sandler, Dare und Holder (1973) gehören die Konzepte therapeutisches Bündnis, Arbeits- oder Behandlungsbündnis zum Begriffskorpus psychoanalytischer Technik. Langs (1975) fügte den genannten Bündniskonzepten ein »gescheitertes« oder »falsches therapeutisches Bündnis« (*therapeutic misalliance*) hinzu; Luborsky (1976, 1984) spricht von einer »hilfreichen Beziehung« (*helping alliance*), für die er ein quantifizierendes Einschätzungsverfahren entworfen hat.

Zumeist werden die Bündniskonzepte in kasuistischen Seminaren und klinischen Veröffentlichungen dann herangezogen, wenn es entweder um die Indikationsstellung für eine Analyse oder auch um die Beschreibung komplizierter, dem Anschein nach stagnierender Behandlungsverläufe geht. Entsprechende Formulierungen lauten, Hinweise auf ein verläßliches Arbeitsbündnis seien vorhanden oder in einem bestimmten Analyseabschnitt habe, im Zusammenhang mit starken Widerständen, ein Kampf um das Arbeitsbündnis stattgefunden etc.

Ohne Zweifel enthält der Begriff des Arbeitsbündnisses ein attraktives Moment, steckt er doch innerhalb der unendlichen Fülle von Übertragungsphänomenen einen Bereich ab, dem Merkmale wie Realität, Neutralität, Objektivität, Gegenseitigkeit u. a. zu eignen scheinen. Man darf annehmen, daß heute auf der begrifflichen Ebene des Arbeits- oder therapeutischen Bündnisses diskutiert wird, was Freud (1912b) in der Arbeit »Zur Dynamik der Übertragung« mit der »Bezwingung der Übertragungsphänomene« umschrieb; auch die Charakterisierung von Zuspitzungen im Analyseverlauf als Kampfsituation erinnert an die folgenden Formulierungen Freuds (l.c., S. 374; Hervorh. im Orig.):

»Die unbewußten Regungen wollen nicht erinnert werden, wie die Kur es wünscht, sondern sie streben danach, sich zu reproduzieren, entsprechend der Zeitlosigkeit und der Halluzinationsfähigkeit des Unbewußten. Der Kranke spricht ähnlich wie im Traume den Ergebnissen der Erweckung seiner unbewußten Regungen Gegenwärtigkeit und Realität zu; er will seine Leidenschaften agieren, ohne auf die reale Situation Rücksicht zu nehmen. Der Arzt will ihn dazu nötigen, diese Gefühlsregungen in den Zusammenhang der Behandlung und in den seiner Lebensgeschichte einzureihen, sie der denkenden Betrachtung unterzuordnen und nach ihrem psychischen Werte zu erkennen. Dieser Kampf zwischen Arzt und Patienten, zwischen Intellekt und Triebleben, zwischen Erkennen und Agierenwollen spielt sich fast ausschließlich an den Übertragungsphänomenen ab. Auf diesem Felde muß der Sieg gewonnen werden, dessen Ausdruck die dauernde Genesung von der Neurose ist. Es ist unleugbar, daß die Bezwingung der Übertragungsphänomene dem Psychoanalytiker die größten Schwierigkeiten bereitet, aber man darf nicht vergessen, daß gerade sie uns den unschätzbaren Dienst erweisen, die verborgenen und vergessenen Liebesregungen der Kranken aktuell und manifest zu machen, denn schließlich kann niemand *in absentia* oder *in effigie* erschlagen werden.«

Entstehung und Verwendung der Bündniskonzepte sind zeitlich an eine expansive Entwicklungsphase der Psychoanalyse gebunden, die man mit Anna Freud (1954) und Stone (1954) auch als »wachsenden Anwendungsbereich« (*widening scope*) charakterisieren kann. In erster Linie ging es bei dieser Ausbreitungsbewegung der Psychoanalyse um eine erweiterte Indikation zur psychoanalytischen Therapie; so bildete die Behandlung von Borderline- und psychotischen Störungen die praktische Grundlage, auf der eine psychoanalytisch orientierte, »dynamische« Psychiatrie und Psychotherapie entstand.[1]

1 Diese Entwicklung der Psychoanalyse in den Vereinigten Staaten während der 50er Jahre ist gut dokumentiert, z. B. in den Tagungsberichten von English, Ludwig, Rangell und Zetzel sowie den Artikeln von Alexander, Bibring, Fromm-Reich-

Als Reaktion auf diese Ausbreitung der Psychoanalyse, die auch Pädagogik und Sozialarbeit umfaßte, hatte vor allem Eissler (1953) versucht, eine »*basic model technique*«, von Blarer und Broglie (1983) als »normative Idealtechnik« übersetzt, zu definieren, bei der alle nicht deutenden Interventionen als Parameter gelten sollten. Thomä und Kächele (1985, S. 280) sind der Meinung, diese normative Idealtechnik habe mehr Probleme geschaffen, als sie zu lösen vermochte. Jedoch hat jede besondere Ausgestaltung oder Akzentuierung der psychoanalytischen Technik neben den angestrebten Vorteilen auch Nachteile; der Beweis, daß gerade die »*basic model technique*« die Probleme vermehrt habe, dürfte nicht leicht zu führen sein. An dem Eisslerschen Vorschlag sind meines Erachtens zwei Aspekte keineswegs hinfällig geworden: der erste besteht darin, sich einer dominierenden Strömung entgegenzustellen und auf der Klärung der Grundlagen zu bestehen; der zweite liegt in der Auffassung, am Modellcharakter der Analyse festzuhalten.

Die Erinnerung an den »*widening scope*« der 50er Jahre ist nicht nur für zeitlich später einsetzende, ähnliche Entwicklungen in Europa nützlich, sondern sie läßt auch eine Perspektive aufscheinen, die im Vordergrund der vorliegenden Untersuchung steht: die Frage nämlich, inwieweit sich die Beliebtheit bestimmter Konzepte, hier des Arbeitsbündnisses, nicht nur ihrer klinischen Nützlichkeit, sondern auch unbemerkten normativen Vorstellungen verdankt. Ich werde im Laufe meiner Untersuchung zeigen, daß Zetzels therapeutisches Bündnis und Greensons Arbeitsbündnis offensichtlich als Kompromißbildungen aus der Auseinandersetzung zwischen den beschriebenen expansiven Tendenzen einerseits und einer ins Rigide zurückschwingenden Betonung der »*basic model technique*« andererseits hervorgegangen sind.

Mit der Einführung von Bündniskonzepten findet eine spezifische Akzentverschiebung statt, derzufolge Analysekomplikationen, die bislang in unmittelbarem Zusammenhang mit der Übertragung (genauer: der Übertragung als Widerstand) gesehen wurden,

mann, Gill und Rangell, die alle 1953/54 im Journal of the American Psychoanalytic Association erschienen. Auch die erstmals 1958 veröffentlichte Monographie »The Teaching and Learning of Psychotherapy« von Ekstein und Wallerstein belegt die Durchdringung von Psychiatrie und Psychoanalyse zu dieser Zeit. Eine umfassende Übersicht bietet May (1976).

nun unter der Fragestellung abgehandelt werden, ob ein »tragfähiges« Arbeitsbündnis besteht oder entwickelt werden kann. Diese Akzentverschiebung steht im Mittelpunkt der Untersuchung, weil mich sowohl die eigene psychoanalytische Praxis als auch die Durchsicht der Literatur zu der Auffassung führte, daß die Zweigleisigkeit, die darin besteht, Übertragungsphänomene und Arbeitsbündnis als gegensätzlich zu betrachten, für die Wirksamkeit des psychoanalytischen Verfahrens eher zum Nachteil als zum Vorteil ausschlägt. Meines Erachtens bringt der perspektivische Wechsel von der Übertragung zum Arbeitsbündnis (und umgekehrt) eine nur scheinbare Klarheit in die komplizierten Verhältnisse, die durch Formulierungen wie »Bezwingung«, »Handhabung« oder »Manipulation« der Übertragung angedeutet werden und sich mit jeder einzelnen Analyse, die man durchführt, von neuem stellen.

An einer weiteren Formulierung Freuds läßt sich das Thema der Untersuchung nochmals verdeutlichen (1914g, S. 134):

> »Wir eröffnen ihm [dem Patienten] die Übertragung als den Tummelplatz, auf dem ihm gestattet wird, sich in fast völliger Freiheit zu entfalten.«

Von der vorsichtigen Einschränkung – »in fast völliger Freiheit« – ausgehend, können alle Konzepte der Technik überdacht werden, auch die Bündniskonzepte; es stellt sich die Frage, wieviel Freiheit für Analytiker und Analysand bei einer unkritischen Verwendung des Arbeitsbündniskonzepts übrigbleibt.

Aus zwei Gründen stelle ich das Konzept des Arbeitsbündnisses von Greenson (1965a, 1967) in den Mittelpunkt und berücksichtige andere Bündniskonzepte nur am Rande: erstens bietet Greenson, da sowohl seine Fallbeispiele als auch seine theoretischen Überlegungen ausführlich sind, die geeigneten Voraussetzungen für eine kritische Prüfung; zweitens präzisiert er, daß sich seine Auffassung vom Bündnis auf die analytische Arbeit bezieht. Im Verlauf der Untersuchung wird gezeigt, daß Greenson, indem er seinen Begriff von Arbeit in auffälliger Weise unbestimmt läßt, zur Auffüllung des Arbeitsbündniskonzepts mit konventionellen Inhalten geradezu einlädt. Der spezifische Bezugsrahmen, der meiner Untersuchung und Kritik zugrunde liegt, wird im zweiten und dritten Kapitel formuliert; die Einführung in das Thema schließt mit einer kurzen Skizze dessen, was Greenson unter dem Arbeitsbündnis versteht.

Greenson vertrat die Auffassung, »das Arbeitsbündnis verdiene in der Beziehung zwischen dem Therapeuten und dem Patienten als ein voller und gleichgestellter Partner der Übertragungsneurose angesehen zu werden« (1967, S. 202). Er bezog sich bei der Einführung seines Konzepts auf eine Gruppe von Patienten, »die auf irgendeine Art unfähig waren, über die Vorstadien der Analyse hinauszugelangen« (o. c., S. 203). Allerdings räumte er ein, daß die klinischen Syndrome in bezug auf diagnostische Kategorien heterogen gewesen seien; das jeweilige Problem dieser Analysen stellte sich ihm so dar (l. c.):

»Der Schlüssel zum Verständnis der Haupt-Pathologie wie auch des therapeutischen Stillstands lag in dem Umstand, daß es dem Patienten nicht gelang, ein zuverlässiges Arbeitsbündnis mit dem Analytiker herzustellen.«

Was den Analytiker betrifft, so sah Greenson in der Vernachlässigung des Arbeitsbündnisses einen technischen Fehler. Mit der Verknüpfung von Arbeit und Bündnis wollte er nicht nur »den relativ unneurotischen, rationalen Rapport, den der Patient zu seinem Analytiker hat« (1965 a, S. 153), bezeichnen, sondern auch den Akzent auf »Arbeit« legen, nämlich die Fähigkeit des Patienten betonen, in der analytischen Situation »rational« und »zielbewußt« mitzuarbeiten (o. c., S. 154):

»Das tritt am deutlichsten in Erscheinung, wenn ein Patient auch dann noch eine effektive Arbeitsbeziehung zum Analytiker aufrechterhält, wenn er sich im Kampfe mit einer intensiven Übertragungsneurose befindet.«

Der Beitrag, den der Analytiker zum Arbeitsbündnis leistet, wurde von Greenson als Beobachtung und Interpretation der Realität beschrieben (o. c., S. 172; Hervorh. H. D.):

»Die Tatsache, *daß der Analytiker ständig die Realität beobachtet und sie dem Patienten interpretiert*, veranlaßt den Patienten, sich teilweise mit dieser Seite des Analytikers zu identifizieren. *Die Aufforderung zu dieser Identifizierung geht vom Analytiker aus.* Vom Anfang der Behandlung an verweist der Analytiker auf die gemeinsam zu erledigende Arbeit. Äußerungen wie ›Lassen Sie uns das einmal näher betrachten‹ oder ›Wir können ja näher hinsehen‹ fördern sie.«

Greenson nahm den Artikel von 1965, in dem er sein Arbeitsbündniskonzept einführte, zwei Jahre später in seine Monographie »Technik und Praxis der Psychoanalyse« (1967) auf. Er fügte ihn in das dritte Kapitel ein, das insgesamt der Übertragung gilt, zwischen die Abschnitte über das klinische Bild und die theoretischen Überlegungen zur Übertragung einerseits und den Abschnitt zur realen Beziehung zwischen Patient und Analytiker andererseits. Extrahiert man aus Greensons Definitionen der Übertragung und des Arbeitsbündnisses die jeweils zugehörigen Adjektive, dann stehen sich gegenüber: neurotisch, regressiv, unpassend und unangemessen auf seiten der Übertragung; unneurotisch, rational, vernünftig und einsichtsfähig auf seiten des Arbeitsbündnisses.

Zunächst soll der Hinweis auf zwei Aspekte genügen, die eine Kritik des Arbeitsbündniskonzepts herausfordern. In Greensons Ausführungen wird zum einen die »Realität« hervorgehoben, ohne daß dieser Begriff zum Beispiel als psychische Realität, als materielle Realität oder als Realität der Übertragung differenziert wird; Greenson verwendet den Begriff Realität so, als sei Realität als Beurteilungsmaßstab nicht nur gegeben, sondern auch direkt beobachtbar. Zum anderen fällt die Bewertung auf, die darin liegt, daß die Übertragung an ihrer »Unangemessenheit« erkennbar sein soll. An diesen Aspekten entwickelte sich mein Verdacht, daß die gegensätzlichen Definitionen von Übertragung und Arbeitsbündnis auf eine Tendenz zurückgehen, die ich später als *Konventionalisierung der psychoanalytischen Methode* bezeichnen werde.

Kapitel 2
Zum Verhältnis von Technik und Methode

Die psychoanalytische Methode ist der Technik gegenüber vorrangig

Die Argumente, die ich in der vorliegenden Untersuchung gegen den Begriff des Arbeitsbündnisses, vor allem gegen seine unreflektierte Verwendung vorbringen werde, gehen über den Rahmen einer Technik-Diskussion hinaus. Nach meiner Auffassung sind die Konzepte der psychoanalytischen Technik dem, was man als psychoanalytische Methode bezeichnen kann, untergeordnet. Die technischen Empfehlungen können als Einzelschritte der psychoanalytischen Methode gesehen werden, und der Vorrang der Methode verbietet geradezu die Ritualisierung technischer Empfehlungen.

Trotz dieser Einschränkung des technischen Aspekts psychoanalytischer Praxis zugunsten der Methode teile ich keineswegs die Auffassung mancher Kollegen, der Begriff der Technik könne aufgegeben werden. Selbst dem deutenden Vorgehen des Analytikers haftet immer auch ein Tun im Sinne von Technik an, oder anders ausgedrückt: auch eine Übertragungsdeutung ist, um eine Formulierung Freuds zu verwenden, ein »Handhaben« der Übertragung. Der Analytiker sieht die Bestätigung oder Widerlegung einer Deutung weniger im Ja oder Nein des Patienten als vielmehr darin, wie der Patient die Deutung erlebt, was auch heißt, daß er erkennen will, wie sich die Übertragung des Patienten auf die Deutung hin darstellt. In der Analyse ist diese Seite des »Handhabens«[2] nicht nur unvermeidlich, sondern sie ist auch, wenn sie in die reflexiven Prozesse einbezogen wird, aufschlußreich.

Auch wenn man davon absieht, daß in der psychoanalytischen

2 In den Kapiteln 4 und 5 werde ich am Beispiel der geschilderten Analysesituationen auf die Wechselwirkung zwischen Übertragung und Deutung zurückkommen.

Literatur die Begriffe Technik und Methode nicht selten synonym verwendet werden, so muß man doch feststellen, daß das Verhältnis von Technik und Methode überwiegend unklar bleibt. Ich sehe in dieser Unklarheit die Ursache dafür, daß bislang psychoanalytische Veröffentlichungen, die auf eine Systematisierung der Technik abzielten, fast immer unvollständig blieben, was ich durch einige Hinweise verdeutlichen möchte.

Nach Jones (1962, Bd. 2, S. 274–276) soll Freud beabsichtigt haben, über seine behandlungstechnischen Schriften hinaus eine systematische Darstellung der psychoanalytischen Technik zu verfassen, zu der es dann aber nicht kam. Allerdings können später verfaßte Arbeiten wie z. B. »Die endliche und die unendliche Analyse« (1937c) als eine Art Ersatz für dieses Vorhaben genommen werden. Die Texte und Monographien von Fenichel (1941), Sharpe (1930/31) oder Waelder (1941/42) blieben umrißhaft. Glovers »Technique of Psycho-Analysis« bestand in der ersten Ausgabe aus sechs Vorlesungen; diese erschienen in umgearbeiteter Form in der letzten Ausgabe (1955, Teil I), ergänzt um den berühmt gewordenen »Research Questionnaire on Common Technical Practices« (Teil II) sowie drei klinisch-theoretische Arbeiten (Teil III), woraus ersichtlich wird, daß in diesem Buch verschiedene Arbeiten zusammengestellt sind, aber keine Gesamtdarstellung gegeben wird. Auf Greensons »Technik und Praxis der Psychoanalyse« (1967) sollte ein zweiter Band folgen, in dem der Autor, nachdem er im ersten Band die Grundkonzepte dargestellt hatte, »mehr nach chronologischen Gesichtspunkten« vorgehen wollte. Mit der Vorbemerkung, »all denen, die auf den zweiten Band von ›Technik und Praxis der Psychoanalyse‹ warten, biete ich diese Auswahl meiner Schriften fürs erste als Ersatz an«, gab Greenson elf Jahre später die Aufsatzsammlung »Psychoanalytische Erkundungen« (1978) heraus. Fast zwanzig Jahre nach Greensons Technik-Monographie ist der erste Band des »Lehrbuchs der psychoanalytischen Therapie: Grundlagen« von Thomä und Kächele (1985) erschienen; die Autoren haben den engen Rahmen der Technik verlassen und sind konsequent der Leitidee gefolgt, »daß der Beitrag des Analytikers zum therapeutischen Prozeß in den Mittelpunkt gerückt werden sollte« (S. 7). Ihre Darstellung ist historisch aufgebaut, und das Terrain der Technik wird als Sammlung von Regeln dargestellt, deren heuristische Funktion im Vordergrund steht. Außerdem schließt der Band mit einer ausführlichen Diskussion zum Verhältnis von Theorie und Praxis, einem Kapitel, das den methodologischen Hintergrund psychoanalytischer Theorie und Praxis darstellen soll. Obgleich ich die Darstellung der Grundlagen von Thomä und Kächele vor allem wegen ihrer Details, aber auch wegen ihrer methodischen Reflexion schätze, scheint mir ein Aspekt zu fehlen, den ich mit der Gegenüberstellung von Übertragung und Konvention im dritten Kapitel erörtern werde; ich meine damit eine bestimmte Bedingung, die für die Realisierung eines psychoanalytischen Prozesses nötig ist und die aus der Entstehungssituation der Psychoanalyse abgeleitet werden kann. Zunächst möchte ich jedoch wieder zum Verhältnis von Technik und Methode zurückkehren und den Zusammenhang zum Thema des Arbeitsbündnisses herstellen.

Greensons »Technik und Praxis der Psychoanalyse« mußte wohl weniger deshalb unabgeschlossen bleiben, weil dem Autor, wie vielfach angenommen wird, die Kraft zur Fertigstellung gefehlt hätte, sondern weil Greenson nach meiner Auffassung den Hintergrund, d. h. die zu dieser Zeit geltenden Annahmen über das Verhältnis von Theorie und Praxis, nicht erörtert hatte. Greenson wollte, wie er in seiner Einführung schrieb, »einen gemeinsamen Bezugspunkt herstellen«, weil ihn die Diskrepanz zwischen offiziellen Äußerungen über Behandlungstechnik und privatem Meinungsaustausch beunruhigte; er stellte fest (1967, S. 16):

> »Es gibt viele isolierte Parteien – eine Tatsache, die esoterische Vereinzelung hervorruft und den wissenschaftlichen Fortschritt verzögert. [...] Die Neuerer neigen zur Cliquenbildung und arbeiten oft im ›Untergrund‹ oder zumindest abseits der Hauptströmung des analytischen Denkens. Daher verlieren sie leicht den Kontakt zu den Gruppen in der Psychoanalyse, die dazu beitragen könnten, ihre neuen Ideen auf ihre Gültigkeit hin zu überprüfen, zu klären oder zu ergänzen. Die isolierten Neuerer sind in Gefahr, ›wilde Analytiker‹ zu werden, während die Konservativen aufgrund ihrer eigenen geistigen Enge dazu neigen, vor Orthodoxie zu erstarren.«

Außerdem wollte Greenson dazu beitragen, daß sich junge Analytiker, wenn sie sich an einer Darstellung der Technik und Praxis wie der seinigen orientierten, »von der sklavischen Nachahmung weniger Gewährsleute« frei machen könnten. Man kann sicherlich sagen, daß Greenson mit seiner Monographie dieses Ziel erreicht hat, wobei es nicht ausbleiben konnte, daß sein Buch, wie ich finde, zu Unrecht, gelegentlich zum »Kochbuch« herabgewürdigt wurde.

Meine Kritik am Arbeitsbündniskonzept setzt nicht an der Technik selbst, sondern am methodischen und theoretischen Hintergrund einer bestimmten Technik an. Diesen bei Greenson nicht miterörterten und auch nicht in Frage gestellten Hintergrund bildet die psychoanalytische Ich-Psychologie, vor allem die mit ihr verbundene Definition der Psychoanalyse als einer Beobachtungswissenschaft und der psychoanalytischen Situation als einer Quasi-Beobachtungssituation, die dem Experiment in den Naturwissenschaften gleichen soll.

Es gibt vereinzelte Kritik an dieser Definition von Psychoanalyse, wie z. B. bei Busch (1985, S. 45 ff.), Drews und Brecht (1975), Fürstenau (1964), Horn (1970, 1971) und Lorenzer (1974, S. 84 ff.). Leider blieb die systematische Kritik, die Leites (1971) in »The New Ego«, einer Auflistung von »Fallstricken im gegenwärtigen Denken über Patienten in Psychoanalyse«, formulierte, weitgehend unbeachtet. Die seit Beginn der siebziger Jahre ständig zunehmende Zahl von Veröffentlichungen zur neueren Narzißmustheorie, verbunden mit der Etablierung der Selbst-Psychologie, aber auch das neuerliche Interesse an der Kleinianischen Objektbeziehungstheorie lassen den Eindruck entstehen, als werde die Ich-Psychologie durch neuere, bessere psychoanalytische »Psychologien« ersetzt. Ich hätte gegen diese Ersetzung im Prinzip nichts einzuwenden, wenn nicht zugleich auffiele, daß ihr keine grundsätzliche Kritik der Ich-Psychologie vorausgeht.

Es mangelt nicht an Arbeiten, die sich mit der sogenannten Rigidität klassischer Technik befassen, wie z. B. die Diskussion der Grundregel durch Schlieffen (1983) und der Abstinenzregel durch Cremerius (1984). Auch die Technik-Darstellung von Thomä und Kächele (1985) grenzt sich deutlich von einer Psychoanalyseauffassung ab, die als »ich-psychologische Orthodoxie« bezeichnet werden kann (vgl. Horn 1971). Dennoch bleiben Thomä und Kächele eher auf dem Terrain der Praxis und führen nicht weiter aus, welche theoretische Position hinter der »orthodoxen Technik« steht (1985, S. 6; Hervorh. im Orig.):

»In der *orthodoxen* Technik wird [im Gegensatz zu deren *Variationen* und *Modifikationen*] die Zweckmäßigkeit der Regeln nicht in Frage gestellt. Bei orthodoxer Technik ergibt sich eine selektive Indikationsstellung dahingehend, daß die Eignung des Patienten zur Analyse durch seine Fähigkeit bestimmt wird, ihren strengen Regeln folgen zu können.«

Bei Greenson wie auch anderen Autoren besteht die Auffassung, die Übertragung entfalte sich *naturwüchsig*; diese Vorstellung entspricht dem Analyseverständnis, wie es durch die ich-psychologische Theorie festgelegt wird. Psychoanalyse als allgemeine Psychologie: das ist Leitidee oder Programmatik der Arbeiten Hartmanns sowie seiner theoretischen Nachfolger (vgl. Loewenstein et al. 1966). Was Psychoanalytiker in ihren Analysen finden, sind nach dieser Psychoanalyseauffassung »Beobachtungen«, und die analytische Situation wird, wie bereits gesagt, einer Beobachtungssituation gleichgesetzt.[3] Hier ist die sich naturwüchsig entfaltende Übertragung zentraler Gegenstand kontrollierter Beobachtung und Handhabung.

Die ich-psychologische Auffassung hat der früheren, praxisnahen Vorstellung, der Analytiker solle die Entfaltung der Übertragung möglichst nicht stören, ein quasi-naturwissenschaftliches Gewand gegeben und so die analytische Situation in die Nähe einer psychologischen Experimentalsituation gerückt. Das immanente beobachtungswissenschaftliche Modell schlug sich, da Theorie und Praxis in enger Wechselwirkung stehen, in technischer Rigidität, der sogenannten orthodoxen Technik nieder, und letztere wiederum war, wie ich vermute, für Greenson der Ausgangspunkt, sein Arbeitsbündniskonzept in die Diskussion zu bringen. Damit fügte er aber statt einer Kritik an der herrschenden ich-psychologischen Konzeptualisierung des psychoanalytischen Verfahrens den vorhandenen Technik-Konzepten noch eines hinzu.

Später hat Greenson die »übertragungsfreie« Ebene des Arbeitsbündnisses noch erweitert, indem er von der Übertragung die »reale Beziehung« oder »Nicht-Übertragungsbeziehung« unterschied. Die reale Beziehung sollte durch die »Relevanz, Angemessenheit, Genauigkeit und Unmittelbarkeit dessen, was ausgedrückt wird« cha-

3 Vgl. Ezriel (1951), Kubie (1956) und Loewenstein (1965).

rakterisiert sein (1969, S. 311). Der verläßliche Kern des Arbeitsbündnisses ist demnach in dieser realen oder Nicht-Übertragungsbeziehung zwischen Patient und Analytiker zu finden. Greenson erläuterte seinen Gebrauch des Adjektivs »real«, wobei er wiederum die Übertragung als Gegensatz verwendete (1971, S. 367, 369; Hervorh. H. D.):

> »Ich werde die Bezeichnung ›reale Beziehung‹ nur dann verwenden, wenn ich ›echt‹ und ›realistisch‹ meine. [...] Eine reale Beziehung ist durch die innere oder äußere Realität modifizierbar. [...] Die Übertragungsgefühle, seien sie von Liebe oder Haß geprägt, mögen sie noch so kindlich sein oder Reife verraten, können hilfreich sein, aber die *Übertragung ist ein unzuverlässiger, trügerischer Verbündeter.*«

Außerdem vertrat Greenson die Auffassung, die endgültige Auflösung einer Übertragungsneurose sei im hohen Maße davon abhängig, daß eine reale Beziehung an ihre Stelle trete. Meines Erachtens weist die inhaltlich wenig begründete, aber um so eindringlichere Verwendung des Adjektivs »real« darauf hin, daß Greenson in ein Dilemma geraten war, das ich so beschreiben möchte: er konnte sich nicht vom undiskutiert gebliebenen Modell der Beobachtungssituation lösen und mußte, wollte er seine durchaus berechtigte Kritik an technischer Rigidität aufrechterhalten, immer mehr auf die Hervorhebung von »Menschlichkeit« und »Realität« ausweichen. Bekanntlich kehren Probleme, die ungelöst bleiben, an anderer, oft unerwarteter Stelle wieder, und ich habe Greensons sich wiederholende Formulierungen über »Realität« und »Menschlichkeit« auch deshalb zitiert, um ihre Trivialität deutlich werden zu lassen. Mit der Wahrheit solcher Hinweise auf »Realität« und »Menschlichkeit«, aber auch der Auffassung, die Psychoanalyse sei letztlich eine »Kunst«, verhält es sich ähnlich wie mit der Wahrheit im Mythos: diese Auffassungen sind so wahr, wie sie zugleich unwahr sind. Zweifellos erfassen sie ein wichtiges Moment psychoanalytischer Praxis, aber sie formulieren es nicht methodisch oder kritisch, sondern lediglich mit Nachdruck und Unklarheit zugleich.

Im folgenden will ich eine zumindest knappe Erörterung der Beobachtungssituation in Verbindung mit der psychoanalytischen Situation geben. Freud hatte seine Methode unter anderem in der Auseinandersetzung mit den damals üblichen, wenig wirksamen

Techniken der Neurosenbehandlung entwickelt. Dazu schreibt Jahoda in ihrer Monographie »Freud und das Dilemma der Psychologie« (1985, S. 179):

»Freuds Methode war neu zu seiner Zeit; sie entstand aus seiner Enttäuschung über die damals gebräuchlichen Techniken der Neurosenbehandlung. Sie entwickelte sich schließlich zu einer Untersuchungsmethode, weil Freud dem wissenschaftlichen Prinzip treu blieb, bis ins kleinste Detail alles zu beobachten, was für seine Ausgangsfrage wichtig war: aus welchem Grunde litten seine Patienten? Das führte ihn notwendigerweise zu dem größeren Problem: wie läßt sich die Struktur und die Funktion der Seele begreifen? Er entwickelte eine Methode für die möglichst vollständige Erforschung des Inhalts einer menschlichen Seele ohne willkürliche Auslassungen. Natürlich hatte er seine vorgefaßten Ideen; aber schließlich gibt es keine Beobachtung ohne einen Standpunkt, wie schon Darwin wußte.«

Bei psychologischen Experimenten wird die Rolle des Beobachters vor der Erhebungsphase möglichst genau definiert und während der Erhebung kontrolliert, wozu nicht nur eine sorgfältige Beobachterschulung, sondern auch ein Beobachtungsschema erforderlich ist, das den Rahmen einer Beobachtung fixiert und die Struktur der Protokollierung vorgibt (vgl. Kriz und Lisch 1988). In der psychoanalytischen Situation fallen nicht nur die Festlegungen der Beobachterrolle weg, sondern die Aufgabe der Beobachtung wird von Analytiker und Patient gemeinsam geleistet. Die komplementären Grundregeln für Patient und Analytiker, freie Assoziation und gleichschwebende Aufmerksamkeit, öffnen das Feld der »Beobachtung« soweit wie möglich. Damit werden nicht nur die engen Begrenzungen und Kategorien einer experimentellen Anordnung überschritten, es wird auch der Geltungsbereich sozialer Konventionen verlassen, wie ich im dritten Kapitel ausführlicher zeigen werde.

Nun kann man mit Recht einwenden, innerhalb eines derart weiten Raumes könne kaum noch definiert werden, was das zu Beobachtende sei. Diesem Einwand läßt sich mit der Argumentation begegnen, die Devereux (1976) in »Angst und Methode in den Verhaltenswissenschaften« begründet und mit vielen Fallbeispielen illustriert hat. Der Patient kann der Aufforderung, alles zu sagen, was ihm durch den Sinn geht, nie ganz, sondern nur mehr oder weniger vollständig nachkommen, was aber auch für die gleichschwebende Aufmerksamkeit des Analytikers gilt. Analytiker wie Patient werden daher auf solche Phänomene aufmerksam, die Devereux treffend als »Störungen« der freien Assoziation oder gleichschwebenden Aufmerksamkeit bezeichnete. Devereux fordert in methodischer Hinsicht, aus diesen Störungen positive Schlüsse zu ziehen, d. h. die Tatsache, »daß die Gegenwart eines Beobachters (der dieselbe Größenordnung hat wie das, was er beobachtet) das beobachtete Ereignis stört« (S. 304), methodisch zu nutzen.

Was Devereux als Störung hervorhob, fällt in der Theorie der psychoanalytischen Technik auch unter den Begriff des Widerstandes. Gelingt es, die Widerstände gegen die freie Assoziation dadurch aufzulösen, daß der Sinn dieser Widerstände erkannt und formuliert werden kann, dann ist zugleich vollzogen, was eine *spezifisch psychoanalytische Beobachtung* ausmacht: die Lokalisation der Störung innerhalb der Assoziationen und der Sinn dieser Störung zusammengenommen bilden einen Baustein zur Konstruktion der unbewußten Dynamik eines bestimmten Konfliktes oder des sich aus einer bestimmten Konfliktlösung ergebenden Symptoms. Viele solcher spezifisch psychoanalytischer Beobachtungen ermöglichen dann ein vertieftes Verständnis der psychischen Struktur eines Patienten.

Zu dem soweit dargestellten Unterschied zwischen psychologischer und psychoanalytischer Beobachtungssituation, wie er aus der Berücksichtigung der Grundregeln von freier Assoziation und gleichschwebender Aufmerksamkeit resultiert, kommt noch der Unterschied hinzu, daß die psychoanalytische Situation ein gemeinsames Unternehmen von zwei Personen ist, von beiden eine aktive Arbeit erfordert sowie die Einigung auf das gemeinsame Ziel, die Erlebnisweisen und Handlungen des Patienten verstehen zu wollen. Jahoda (1985) hebt hervor, daß diese Art gemeinsamer Anstrengung von Analytiker und Patient einer »objektiven« Psychologie fehlt. Zu dem wiederkehrenden Einwand, die in einer solchen Situation gewonnenen Beobachtungen seien von den Besonderheiten eben dieser Situation in hohem Maße beeinflußt, stellt sie fest (S. 180):

> »Das ist unbestreitbar, aber nicht unannehmbar. Denn alle anderen gebräuchlichen Methoden der Psychologie haben gleicherma-

ßen ihre spezifischen Unzulänglichkeiten. Das psychologische Experiment ist mindestens eine genauso einzigartige Situation wie die analytische Couch, da es dem Probanden eine vollkommen passive und häufig vorsätzlich irreführende Rolle zuweist, ohne ein gemeinsames Ziel anzugeben. Man könnte argumentieren, daß dies sogar eine noch viel stärkere Beeinflussung der Art und Weise ist, in der sich die Menschen normalerweise benehmen, als die analytische Situation. Hinzu kommt, daß neueste Untersuchungen über den Ablauf von Experimenten gezeigt haben, daß die reale Gefahr besteht, daß die Erwartungen des Versuchsleiters die gewonnenen Ergebnisse beeinflussen könnten; ja, es ist sogar anzunehmen, daß diese Gefahr auch die Naturwissenschaften plagt.«

Kutter weist ebenfalls darauf hin, das »empirische Dilemma« der Psychoanalyse bestehe auch in Bereichen psychologischer Forschung (1984, S. 64):

»Es ist [...] das ›empirische Unglück‹ der Psychoanalyse, daß sie ihren Gegenstand, die Phantasien, nicht wie in einem unmittelbar und systematisch beobachtbaren psychologischen Experiment demonstrieren kann. Ebensowenig ist ihr Untersuchungsinstrument der introspektiven und empathischen Wahrnehmung wie ein Thermometer auf seine Zuverlässigkeit überprüfbar. Dies ist aber in manchen Bereichen der Psychologie auch nicht anders, wenn z. B. bestimmte mentale Strukturen oder formale Repräsentanzen der kognitiven Psychologie empirisch überprüft werden sollen.«

Bei Knorr-Cetina (1984) wird unter dem Thema »Wissenschaft als interpretative Rationalität« die Übereinstimmung zwischen Natur- und Sozialwissenschaften abgehandelt (Kapitel 7, S. 273; Hervorh. im Orig.):

»Revidiert werden müssen, wie es scheint, auch diejenigen Vorstellungen, die der naturwissenschaftlichen Rationalität und dem naturwissenschaftlich-technischen Handeln spezifische, von der Alltagsrationalität und dem Alltagshandeln abgehobene *formale* Qualitäten zuschreiben. Die illustrierten Komponenten naturwissenschaftlicher Verfahrensweise geben keinerlei Hinweise auf eine solche formal ausgrenzbare Rationalität. Der Unterschied liegt, sofern es ihn gibt, in den von Wissenschaftlern behandelten Inhalten.«

Uexküll und Wesiack (1988) stellen das Beobachterproblem geradezu in den Mittelpunkt ihrer »Theorie der Humanmedizin«; sie schreiben (S. 50, 92; Hervorh. im Orig.):

»Die Vorstellung von dem neutralen Beobachter erweist sich als ein Märchen. Ein wirklich neutraler Beobachter würde gar nichts beobachten. [...] Der Erkenntnisprozeß verläuft im wissenschaftlichen wie auch im vorwissenschaftlichen Bereich stets über die Stufen der ›Wahrnehmung‹, ›Interpretation‹ und ›Realitätsprüfung‹. Das, was wir *Wirklichkeit* nennen, ist daher niemals eine objektive, sondern immer eine vom beobachtenden Subjekt interpretierte Wirklichkeit.«

In seinem Beitrag zur Diskussion, inwieweit die Psychoanalyse Erfahrungswissenschaft oder Hermeneutik sei, hat Mentzos das Spezifische der psychoanalytischen Situation in bezug auf das Beobachterproblem und die erfahrungswissenschaftliche Dimension der Psychoanalyse benannt (1973, S. 841; Hervorh. H. D.):

»Das Spezifische der Analyse wäre demnach erstens, daß sie eine Selbstreflexion, eine Selbsterforschung des Forschungsobjektes ermöglicht, und zweitens, daß dies nur innerhalb eines kommunikativen Prozesses, in dem die verborgenen dramatischen Zusammenhänge noch einmal erlebt werden, möglich wird. *Dabei gerät der Beobachter selbst in das Beobachtungsfeld* [...]. Ich sehe nicht ein, wieso Begriffe wie Kommunikation, Selbstreflexion, Bildungsprozeß erfahrungswissenschaftlichen Kriterien entzogen sein sollen. Daß psychologische Regelmäßigkeiten existieren, ist gerade die erstaunliche Entdeckung, die jeder Psychoanalytiker täglich macht.«

Diese Formulierungen sind allerdings nicht so zu verstehen, als sei die Psychoanalyse ein unfreiwilliges Experiment; der Analytiker »gerät« nicht einfach in das Beobachtungsfeld, und selbst der Terminus »teilnehmende Beobachtung« läßt nicht erkennen, daß der Analytiker diejenige Situation, die spezifisch psychoanalytische Beobachtungen erst ermöglicht, »aktiv« und gemeinsam mit dem Patienten herstellt. In der Regel erwarten Analytiker, daß sie in die psychische Dynamik des Patienten hineingezogen werden; sie können diese Situation auch vorausahnen, müssen es aber nicht, da ihnen die psychoanalytische Situation eine Position sichert, auf überraschende Ereignisse nicht unmittelbar und nicht konventionell antworten zu müssen.

Es hat nach meiner Auffassung sowohl wissenschaftshistorische als auch wissenschaftspolitische Gründe, wenn Psychoanalytiker auf der einen Seite versucht haben, die psychoanalytische Situation mit einer wissenschaftlich anerkannten Situation wie der des Experimentes gleichzusetzen oder sie ihr anzunähern, andererseits jedoch auf der wissenschaftlichen Sonderstellung der Psychoanalyse insistierten. Diese Widersprüchlichkeit drückt einen verständlichen Wunsch nach Anerkennung in der Gemeinschaft der Wissenschaftler aus. Das Problem beginnt an dem Punkt, wo Konzepte geschaffen werden, die um den Preis, daß sie die Komplexität der psychoanalytischen Situation reduzieren, wenn nicht den Anschein der Objektivität, so doch zumindest eine allgemeine Plausibilität erstreben. Ich werde zeigen, daß es sich mit dem Konzept des Arbeitsbündnisses genau so verhält; der Bezug auf Begriffe wie »Realität« und »Arbeit«, die jedoch nicht mit psychoanalytischem Denken ausgefüllt, sondern lediglich mit Emphase verwendet werden, legt ein wissenschaftliches Selbstmißverständnis bloß. Nicht nur die beobachtende Teilnahme, sondern vor allem die Präsenz und die Aktivität des Analytikers in der analytischen Situation stellen die adäquaten Bedingungen dar, wenn es um die Erkennung und Aufhebung intrapsychischer und interpersoneller Abwehrvorgänge, kurz, wenn es um Veränderung geht. Als wissenschaftlicher Psychoanalytiker sollte man nicht versuchen, die Besonderheit der psychoanalytischen Situation so zu reduzieren, daß sie vielleicht als experimentelle Beobachtungssituation noch akzeptiert werden kann; man sollte spezifische Verfahren ausarbeiten, die sowohl der psychoanalytischen Situation gerecht werden als auch wissenschaftlich dargestellt werden können.

Hier geht es mir jedoch nicht um einen erneuten Begründungsversuch, warum auch die Psychoanalyse den Kriterien einer Erfahrungswissenschaft gerecht werden kann, sondern um die Kritik an einem Konzept und an dessen Wirkung. Aus der Perspektive von Greensons Arbeitsbündnis stellt sich die psychoanalytische Situation so dar, als seien Übertragungsvorgänge eindeutig von einer Arbeitsebene abgrenzbar. Nach Greenson ist die Übertragung neurotisch, regressiv, unpassend und unangemessen; das Arbeitsbündnis charakterisiert er hingegen als unneurotisch, rational, vernünftig und einsichtsfähig. Wenn die Annahme zutrifft, daß im Arbeitsbündniskonzept die komplexe Beobachtungssituation der Psychoanalyse reduziert wird, dann müssen sich daraus wichtige Konsequenzen ergeben, da das Arbeitsbündnis von den Analytikern, für deren Vorgehensweise dieses Konzept eine zentrale Rolle spielt, als *Voraussetzung* der psychoanalytischen Behandlung gesehen wird.

Vereinfachende Darstellungen der psychoanalytischen Situation und Anlehnung an vorgegebene Modelle wie z. B. das Experiment sollen sicher auch vor dem Einwand schützen, die Psychoanalyse arbeite mit Beeinflussungen. Bei Freud läßt sich die Formulierung von der »Beeinflussung« des Patienten durch den Analytiker mehrfach finden, z. B. in »Die endliche und die unendliche Analyse« (1937c, S. 63; Hervorh. H. D.):

> »Die andere Bedeutung des Endes einer Analyse ist weit ehrgeiziger. In ihrem Namen wird gefragt, *ob man die Beeinflussung des Patienten so weit getrieben hat*, daß eine Fortsetzung der Analyse keine weitere Veränderung versprechen kann.«

Zunächst scheint nahezuliegen, daß Freud, gleichviel ob absichtsvoll oder unbeabsichtigt, mit seiner Formulierung in den Bereich der Suggestion geraten ist. Ich nehme jedoch an, daß er an das dachte, was sich heute mit dem Stichwort der »Aktivität« des Analytikers verbindet. Thomä (1981) hat die Aktivität des Psychoanalytikers als Determinante des therapeutischen Prozesses herausgestellt und ihre negative Einschätzung entschieden zurückgewiesen (S. 93; Hervorh. H. D.):

> »Gehen wir davon aus, daß wir Absichten verfolgen, daß wir gar nicht anders können, als unser Denken zielorientiert umzusetzen, so bleibt es besonders wichtig, zu klären, *auf welcher Ebene unsere Patienten an unseren Zielvorstellungen partizipieren* und in welcher Weise sie sich mit diesen kritisch auseinandersetzen; über diesen Weg können verborgene Handhabungen offengelegt werden.«

Es können zwei Theorien der Technik gegenübergestellt werden, obgleich sie sicherlich in der Praxis nie so gesondert vorkommen: eine, die gleichsam standardisierte Bedingungen herzustellen versucht und daher als »idealistische« Technik-Theorie bezeichnet werden kann, und eine andere, die davon ausgeht, daß die Übertragungsphänomene von der jeweils spezifischen Technik abhängen, und daher »empirienahe« Technik-Theorie genannt werden könnte.

Zum Ideal der ersteren gehört, daß sie jegliche Beeinflussung vermeidet, während die empirienahe Technikauffassung den Einfluß des Analytikers für unvermeidlich hält und ihn selbst der Analyse unterwerfen möchte.

Gill hat sowohl in seiner Kritik der Metapsychologie (1976) als auch in der wohlbegründeten Auffassung, der Analytiker sei an der Ausgestaltung der Übertragung entscheidend beteiligt (1979, 1982), die ausschließlich ich-psychologisch fundierte Theorie und Praxis der Psychoanalyse in Frage gestellt. Er betont den Aspekt, daß die Übertragungsphänomene auch eine Koproduktion von Analytiker und Analysand sind. Allerdings fehlt in seiner Korrektur ein Gesichtspunkt, den ich im folgenden hervorheben möchte, weil er mir die Kritik des Arbeitsbündniskonzepts umfassender ermöglicht: ich meine das Spannungsfeld zwischen Konvention und Übertragung, das für die psychoanalytische Methode konstitutiv ist. Zu behaupten, die Technik der Psychoanalyse sei nur aus methodologischen und forschungsbezogenen Gründen so, wie sie durchgeführt wird, kann auch ein ideologisches Manöver sein, durch das die gesellschaftlichen Bedingungen, unter welchen Psychoanalyse arbeitet, ignoriert werden.

Die Formulierungen von Greenson, Zetzel und anderen, die das Arbeits- oder therapeutische Bündnis eindeutig als Grundlage der Therapie, als Voraussetzung der Übertragungsanalyse herausstellen, lassen erkennen, daß hier ein »Steuerungsprinzip« der Analyse definiert wird, dessen nähere Bestimmung allerdings fehlt. Die Durchsicht der Literatur im sechsten Kapitel zeigt auch, daß die überwiegend amerikanische Literatur, die sich mit den *»working and therapeutic alliances«* befaßt, die historische Dimension der Bündniskonzepte auf die ermüdende Wiederkehr von Freud- und Sterba Zitaten reduziert; dieser Sachverhalt weist darauf hin, daß ein Steuerungsprinzip in das analytische Verfahren gelangt ist, welches auf gesellschaftlichen Konventionen wie Wertvorstellungen über Leistungsfähigkeit etc. beruht, mehr noch, daß diese Wertvorstellungen entscheidend zur Anerkennung und Attraktivität der Bündniskonzepte beigetragen haben.

Meiner Auffassung nach kann die Psychoanalyse nicht auf den Begriff der Technik verzichten, jedoch sollten die einzelnen technischen Konzepte im Bereich der psychoanalytischen Methode liegen und nicht anderen Methoden entnommen sein. Außerdem hat die Anwendung der Methode immer den Vorrang gegenüber der Verwendung vorhandenen Wissens, sei dieses Handlungs- bzw. Änderungswissen oder Erklärungswissen. Ich vermute, daß die folgende Formulierung Freuds auch auf den Unterschied von Technik und Methode abzielt (1927a, S. 295):

> »Aus praktischen Gründen haben wir [...] die Gewohnheit angenommen, eine ärztliche Analyse von den Anwendungen der Analyse zu scheiden. Das ist nicht korrekt. In Wirklichkeit verläuft die Scheidungsgrenze zwischen der wissenschaftlichen Psychoanalyse und ihren Anwendungen auf medizinischem und nichtmedizinischem Gebiet.«

In der Technik werden die Probleme der Anwendung, *»wording and timing of interventions«* (Ramzy und Shevrin 1976), systematisiert, während die wissenschaftliche Psychoanalyse die Methode, d. h. die rationale Basis, auf der Psychoanalyse zum Verstehen gelangt, begründet und die Erkenntnisse theoretisch systematisiert.

Kapitel 3
Konvention und Übertragung

Die psychoanalytische Methode wird im Spannungsverhältnis von Übertragung und Konvention verwirklicht oder verloren

Blickt man auf die Entstehungssituation der Psychoanalyse zurück, so fällt auf, daß die Einführung der psychoanalytischen Methode nicht nur in einer neuen therapeutischen Technik bestand, sondern darüber hinaus mit einer Vorgehensweise verbunden war, die ich als *Außerkraftsetzen von Konventionen* akzentuieren will. Diese Perspektive bildet eine wichtige Ausgangsposition meiner Untersuchung des Arbeitsbündnisses. Bevor ich jedoch den Begriff der Konvention präziser festlege, werde ich die Entstehungssituation der Psychoanalyse skizzieren.

Josef Breuer war es eine Zeitlang gelungen, die Behandlung der Anna O. so durchzuführen, daß seine Patientin selbst bestimmen konnte, welche Themen zu bearbeiten waren. Im weiteren Verlauf der Behandlung schien Breuer jedoch an den Konsequenzen dieses Vorgehens zu scheitern. Wir wissen, daß er, nachdem die Behandlung beendet worden war, erneut zu seiner Patientin gerufen wurde, weil sich ihr Zustand verschlechtert hatte. Sie soll sich in Unterleibskrämpfen gewunden und ihm auf die Frage, was mit ihr sei, geantwortet haben: »Jetzt kommt das Kind, das ich von Dr. B[reuer] habe.« Mehr als 10 Jahre später schrieb Freud über diese Situation, die Breuer ihm persönlich mitgeteilt hatte, in einem Brief an Stefan Zweig (2. Juni 1932 in 1960a, 3. Aufl., S. 428; Hervorh. H. D.):

> »In diesem Moment hatte er den Schlüssel in der Hand, der den Weg zu den Müttern geöffnet hätte, aber er ließ ihn fallen. [...] In *konventionellem Entsetzen* ergriff er die Flucht und überließ die Kranke einem Kollegen.«

Freuds Formulierung vom konventionellen Entsetzen ist außerordentlich treffend, da sie die Kräfte benennt, die mit dem Verlassen des bisher üblichen professionellen Behandlungsreglements frei wurden. Zum einen akzentuiert seine Wortwahl die Angst Breuers als soziale Angst, zum anderen bestimmt sie den Bezugspunkt, an dem diese Angst sich entwickelt: die Konvention.

Über die Aussage des hysterischen Zustands der Anna O. läßt sich schwerlich hinweggehen: Breuer soll ihr ein Kind gemacht haben. Bekanntlich setzte Breuer die Behandlung nicht mehr fort; von L. Freeman (1972) und Jones (1960, S. 267f.) wird erwähnt, nur allmählich habe sie sich in einem Sanatorium erholt. Breuers Flucht vor Anna O., genauer vor ihrer Übertragung, liegt im Bereich damals geltender Konventionen. Denkt man z. B. an Schnitzlers große Erzählung »Therese. Chronik eines Frauenlebens« (1928), in der das Leben einer Wiener Gouvernante geschildert wird, dann wird deutlich, daß noch Weitgehenderes im Rahmen der Konvention möglich gewesen wäre, wenn etwa Breuer Anna O. tatsächlich mit einem Kind »sitzengelassen« hätte, wie dies der Therese bei Schnitzler widerfuhr. Auch damit hätte Breuer noch der geltenden Doppelmoral entsprochen, die an das Handeln des Mannes und der Frau unterschiedliche Maßstäbe anlegte (vgl. Reiss 1970).

Am Beispiel von Breuers Behandlung der Anna O. vergleicht Freud den suggestiven Rapport der Hypnose mit der Übertragung (1914d, S. 49; Hervorh. im Orig.):

> »Breuer stand zur Herstellung der Kranken der intensivste suggestive Rapport zu Gebote, der uns gerade als Vorbild dessen, was wir ›Übertragung‹ heißen, dienen kann. Ich habe nun starke Gründe zu vermuten, daß Breuer nach der Beseitigung aller Symptome die sexuelle Motivierung dieser Übertragung an neuen Anzeichen entdecken mußte, daß ihm aber die allgemeine Natur dieses unerwarteten Phänomens entging, so daß er hier, wie von einem *›untoward event‹* betroffen, die Forschung abbrach.«

Die Formulierung von der »allgemeinen Natur« dieses *»untoward event«* ist aufschlußreich. Wenn Freud einem »widrigen Umstand« oder »schwer zu handhabenden Ereignis«[4] den Charakter des Allge-

4 Leider konnte ich nicht klären, ob *»untoward event«* ein literarisches Zitat ist; das »Oxford English Dictionary« liefert dafür keinen Hinweis. Im Englischen ist die Verwendung von *»untoward«* nahezu obsolet. Folgende Bedeutungen lassen sich nach »Chamber's Twentieth Century Dictionary« und »Langenscheidts Enzyklopädischem Wörterbuch« (begründet von E. Muret und D. Sanders) ermitteln:

meinen verlieh, dann muß er angenommen haben, daß er eine Gesetzmäßigkeit entdeckt hatte. Freud meinte, Breuer sei die allgemeine Natur der sexuell motivierten Übertragung entgangen. Er argumentierte aus einer Position wissenschaftlicher Distanz oder Neutralität; dadurch hob er das jeweilige »widrige Ereignis«, Anna O.s phantasierte Schwangerschaft oder Emmy von N.s Umarmung, die aus der Perspektive der sozialen Konvention auch als »peinliche« Ereignisse bezeichnet werden können, aus dem Bereich sozialer Regelbrüche heraus und verschaffte diesen Vorkommnissen die Geltung, Gegenstände wissenschaftlicher Untersuchung zu sein.

Das historische Beispiel verdeutlicht die Gefahren, die sich aus der *Überschreitung geltender sozialer Konventionen im psychoanalytischen Dialog* ergeben; sie konnten von Breuer nicht gemeistert werden. Zum einen verließ er das bislang übliche Behandlungsreglement, zum anderen hatte er keine methodischen Begründungen zur Hand, die ihm in einem neuartigen professionellen Sinne gestattet hätten, mit den Intensitäten umzugehen, die sich »jenseits der Konvention« entwickelt hatten. Die Krankengeschichten Freuds, vielleicht am deutlichsten der Fall Dora (1905e), zeigen, wie auch der Entdecker der Psychoanalyse jeweils darum kämpfte, den Kräften gegenüber, die sich im Spannungsfeld von Konvention und Übertragung entwickeln, eine sowohl methodisch begründete als auch professionelle Einstellung zu erlangen und aufrechtzuerhalten.

Sulloway (1982) hat die Zusammenarbeit und Entfremdung von Breuer und Freud neu interpretiert. Bislang wurde Breuer, vor allem bei Jones, aber auch durch Freud selbst so dargestellt, als habe er vor der Allgegenwärtigkeit sexueller Motive die Flucht ergriffen, während Freud sich der Wahrheit unerschrocken stellte. Nach Sulloway ist dies eine zur Idealisierung einladende, einen Heldenmythos stützende Sicht. Er fand Belege dafür, daß Breuer auch nach der Therapie von Anna O. hysterische Patientinnen behandelte und die sexuelle Ätiologie keineswegs bestritt. Außerdem meint Sulloway

widerspenstig (*not easily guided*); verkehrt, verderbt (*perverse*); unziemlich, ungehörig (*unseemly*); ungünstig, ungelegen (*inconvenient*); eigensinnig, trotzig (*froward*); peinlich, mißlich, schwer zu handhaben (*awkward*); unglücklich (*unlucky*) und ungünstig (*unfavorable*). Allen Bedeutungen ist zumindest das eine Moment gemeinsam, daß man statt mit einer erwarteten mit einer unerwarteten, schwer zu handhabenden Situation konfrontiert wird.

belegen zu können, daß nicht Breuer, sondern Anna O. das Behandlungsende bestimmt habe (o. c., S. 127). Insgesamt zieht er, was die Entfremdung von Freud und Breuer betrifft, folgenden Schluß (o. c., S. 152 f.):

»[...] die Entfremdung von Freud und Breuer [war] vor allem anderen eine Sache ihres nicht zu vereinbarenden wissenschaftlichen Arbeitsstils. Wo Breuer einen eklektischen Zugang zum Verständnis hysterischer Phänomene befürwortete, suchte Freud nach strengen und unwiderlegbaren Gesetzen, die seinem dogmatischen und revolutionären Selbstverständnis als Wissenschaftler entgegenkamen. Was Breuer als Freuds größte intellektuelle Schwäche ansah – seinen fanatischen Hang zu ausschließenden wissenschaftlichen Formulierungen – galt Freud als eine seiner mutigsten und ergiebigsten Eigenschaften, während er deren Fehlen beim Freund schmerzlich bedauerte. Alles andere, was zwischen sie trat, war eher abgeleitet [...].«

Freuds Konfrontation mit einem »widrigen Umstand« in der Behandlungssituation wurde schon erwähnt: Frau Emmy von N. schlang nach dem Erwachen aus der Hypnose ihre Arme um seinen Hals. Später schrieb er über diese Situation (1925 d, S. 52):

»Der unvermutete Eintritt einer dienenden Person enthob uns einer peinlichen Auseinandersetzung, aber wir verzichteten von da an in stillschweigender Übereinkunft auf die Fortsetzung der hypnotischen Behandlung. Ich war nüchtern genug, diesen Zufall nicht auf die Rechnung meiner persönlichen Unwiderstehlichkeit zu setzen [...].«

Die stillschweigende Übereinkunft beider, auf die Fortsetzung der Behandlung zu verzichten, entspricht einer Wiedereinsetzung der zuvor verletzten sozialen Konvention.

Erst durch das Aufgeben der Hypnose, durch das Erkennen der Hindernisse, die bei der Hypnose deutlichen und anhaltenden Veränderungen im Wege standen, gelangte Freud zu der zentralen Bedeutung der Übertragung. Er erkannte, »daß die persönliche affektive Beziehung doch mächtiger war als alle kathartische Arbeit, und gerade dieses Moment entzog sich der Beherrschung« (1925 d, S. 52).

Die Kräfte jenseits der sozialen Konventionen fallen also mit der Übertragung zusammen. Ich erinnere hier an Freuds erste Definition der Übertragung in den »Studien über Hysterie« (1895d, zusammen mit Breuer, S. 309):

»Es war zuerst der Inhalt des Wunsches im Bewußtsein der Kranken aufgetreten, ohne die Erinnerungen an die Nebenumstände, die diesen Wunsch in die Vergangenheit verlegen konnten; der nun vorhandene Wunsch wurde durch den im Bewußtsein herrschenden Assoziationszwang mit meiner Person verknüpft, welche ja die Kranke beschäftigen darf, und bei dieser Mésalliance – die ich falsche Verknüpfung heiße – wacht derselbe Affekt auf, der seinerzeit die Kranke zur Verweisung dieses unerlaubten Wunsches gedrängt hat.«

Diese Definition der Übertragung als »falsche Verknüpfung« erfaßt meines Erachtens den *Kern des Übertragungsvorgangs*. Die Übertragung ist ein psychischer Mechanismus: ein bislang abgewehrter Wunsch kann unter der Bedingung einer falschen Verknüpfung bewußt werden. Bei späteren Übertragungsdefinitionen gerät leicht die so einfache wie radikale erste Definition Freuds aus dem Blick. Je ausführlicher Definitionen der Übertragung auf die Aspekte der Objektbeziehung, des Narzißmus, der Struktur und der Genese eingehen, desto mehr entsteht der Eindruck, die Übertragung selbst falle mit der Neurose zusammen, so daß dann ihrer Irrationalität, Unangemessenheit etc. zwangsläufig ein rationales Moment entgegengestellt werden muß. Ohne Zweifel findet in Beziehungen Übertragung statt; je mehr man jedoch die Übertragung mit Beziehung gleichsetzt, desto mehr wird der Übertragungsbegriff vereinfacht und geltenden Beziehungsnormen angeglichen. Triebe man diese Perspektive, d. h. die Betonung der Übertragung als Beziehung, auf die Spitze, so gelangte man schließlich zu einem ganz und gar an der Konvention orientierten Übertragungsbegriff (vgl. Kapitel 4, S. 69).

Das Außerkraftsetzen von Konventionen bedeutet mehr als den Versuch, von Dingen zu reden, von denen man üblicherweise nicht spricht. Indem der unbewußten Übertragung ein Spielraum eröffnet wird, findet die *psychische* Realität des Analysanden Anerkennung. Dazu kommt, wenn man die Differenz von Technik und Methode berücksichtigt, wie sie im zweiten Kapitel behandelt wurde, daß der Analytiker in jedem Moment der Behandlung an der Art und Weise, wie die unbewußte Übertragung in Erscheinung tritt, mitbeteiligt ist; weil er seine Methode etabliert, ist er keineswegs nur unfreiwillig, sondern auch »aktiv« beteiligt. Damit läßt sich der Analytiker auf mehr als das Risiko ein, von Dingen zu reden, die gegen geltende soziale Konventionen verstoßen. Er akzeptiert nicht nur, daß der Analysand mit ihm etwas »macht«, was unter dem Wiederholungszwang steht, sondern auch, daß er vom Analysanden so erlebt wird, als habe er durch seine Interventionen oder sein Schweigen dieses oder jenes mit dem Analysanden »gemacht«.

Stellen wir uns vor, Breuer hätte seiner Patientin Anna O. eine Deutung gegeben, die der Übertragung gerecht geworden wäre. Er hätte sagen können, daß Anna O. die Behandlungssituation unbewußt als Verführung erlebt habe, und von daher sei es ihm vorstellbar, sie hätte seine (oder ihre) Beendigung der Behandlung so auffassen müssen, als liefe er (oder sie) vor den Folgen der Verführung davon. Vermutlich wäre die hier entworfene Deutung der Übertragungssituation nicht erst zum Zeitpunkt der Zuspitzung nach dem Behandlungsende, sondern schon früher sinnvoll gewesen. Freuds Formulierung vom »konventionellen Entsetzen« trifft genau den Sachverhalt, daß die Übertragungssituation, solange sie unverstanden bleibt, *handelnd*, von beiden Beteiligten jeweils im Sinne des unbewußten Zusammenspiels, *komplettiert* wird. Breuers »konventionelles Entsetzen« ergänzt im Sinne des Mitagierens eine Szene, in der die psychische Realität Anna O.s dramatisiert zum Ausdruck kommt. Das Schlüsselwort dieser Szene heißt Verführung, und darin kommt zusammen, daß Breuers Mitagieren zum einen die Behandlungssituation einer verpönten sozialen Situation ähnlich werden ließ, zum anderen Anna O.s ödipale Phantasiewelt aktualisierte, ohne sie deutend zur Sprache zu bringen. Wenn die unbewußte Übertragung nicht oder nur unvollständig erkannt und gedeutet wird, geht es um mehr als einen »technischen Fehler« des Analytikers. Es ist die »Handhabung« der Übertragung, die darüber entscheidet, ob eine Behandlung psychoanalytisch ist oder nicht.

Die Deutung der Übertragung ist für die Analyse eine Art *»point of no return«*. Dabei wird das rechtzeitige Deuten der Übertragung nicht von konventionellem Taktgefühl, sondern eher von der Übertragung selbst bestimmt. Was dies in der Praxis heißt, läßt sich immer wieder eindrucksvoll an Freuds erster Falldarstellung zeigen, die er nach den »Studien über Hysterie« (1895d, zusammen mit

Breuer) publizierte. Das »Bruchstück einer Hysterie-Analyse« (1905e) belegt, worauf Freud im Nachwort selbst hinweist: eine nicht gedeutete Übertragung impliziert immer ein unbegriffenes Mitagieren des Analytikers. In der »Dora-Analyse« lernen wir einen Freud kennen, der in erfrischender Weise mit seiner jugendlichen Patientin über Sexualität spricht, allerdings während der Behandlung selbst noch übersieht, daß dieses Sprechen über Sexualität, in dem er mit Recht eine Form von Aufklärung sieht, für Dora schon Sexualität *ist*. Das heißt in der konkreten Fallgeschichte, daß Freud für Dora immer mehr die Züge von Herrn K. annimmt, an dem Dora ihre Sexualabwehr darstellte. Freud überschätzte die Bedeutung von Herrn K., genauer, er übersah dessen Funktion für die unbewußte Übertragung. Doras Kindheitsbeziehung zu ihrem Vater wird in der Analyse bei Freud aktualisiert, und Herr K. fungiert als »Darsteller« sowohl für den Vater als auch für Freud.

Erdheim (1982) und Lorenzer (1984) haben aus ähnlicher Perspektive die Entstehungsbedingungen der Psychoanalyse dargestellt. In »Die gesellschaftliche Produktion von Unbewußtheit« beschreibt Erdheim einzelne Stadien des »Machtverzichts« von Freud; von der Annahme ausgehend, daß Freud auf eine bestimmte Form von Karriere verzichtet habe, sieht er in der zeitweiligen Isolation des Begründers der Psychoanalyse innerhalb der wissenschaftlichen Gemeinschaft eine Form des »sozialen Todes«. Erdheim schreibt (1982, S. 76):

> »Zu den wesentlichen Voraussetzungen für die Entdeckung des Unbewußten durch Freud gehörte daher die Auflösung einer ganzen Reihe mit Prestige besetzter Rollen, darunter auch die des Psychiaters, Arztes und Akademikers. Diese Auflösung erlebt das Individuum als ›sozialen Tod‹.«

Diese Perspektive erscheint mir zutreffend, allerdings auch einseitig, da sie außer acht läßt, in welchem Ausmaß Freuds Trennung von Aspekten seiner Berufsrolle von einer Verlagerung der aufgegebenen Aspekte auf andere Personen, z. B. Wilhelm Fließ, begleitet wurde (vgl. Schneider 1991, S. 373).

Lorenzer illustriert Freuds Verzicht auf soziale Macht im Sinne von ärztlicher Definitionsmacht an der Behandlungssituation; er stellt die »radikale Umkehrung des Arzt-Patient-Verhältnisses« (1984, S. 114ff.) dar, wie sie in der Behandlung der Anna O. durch

Breuer stattfand, und weist dabei auf den schon erwähnten Brief Freuds an Stefan Zweig hin, in dem die Formulierung vom »konventionellen Entsetzen« fällt (1960a).

Am Anfang dieses Briefes schreibt Freud, er habe Teile des Aufsatzes über die Psychoanalyse in Zweigs »Heilung durch den Geist« (1931) wiedergelesen und einen Irrtum entdeckt (3. Aufl., S. 427):

»Dabei entdeckte ich auf Seite 272 [307] einen Irrtum der Darstellung, der nicht gleichgültig genannt werden kann, eigentlich auch mein Verdienst, wenn Sie diese Rücksicht gelten lassen wollen, recht verkleinert. Es heißt daselbst, Breuers Kranke habe in der Hypnose das Geständnis gemacht, daß sie am Krankenbett des Vaters gewisse ›sentimenti illeciti‹ (also sexueller Natur) empfunden und unterdrückt hatte. In Wahrheit hat sie nichts Ähnliches gesagt und erkennen lassen, daß sie ihren Zustand von Aufregung, insbesondere ihre zärtliche Besorgnis vor dem Kranken verbergen wollte. Wäre es so gewesen, wie in Ihrem Text behauptet wird, so wäre auch alles anders gekommen. Ich wäre nicht durch die Entdeckung der sexuellen Ätiologie überrascht worden, Breuer hätte es schwer gehabt, ihr zu widersprechen, und ich hätte wahrscheinlich nie die Hypnose aufgegeben, mit der man so aufrichtige Bekenntnisse erreichen kann.«

Der Irrtum, den Freud in Stefan Zweigs Darstellung feststellte, kehrt in vielen populärwissenschaftlichen Darstellungen der Psychoanalyse wieder: danach ist Psychoanalyse eine Technik, die, vergleichbar der Beichte, den Patienten ermöglicht, verpönte, sozial mißbilligte Gedanken oder Handlungen einzugestehen. Obgleich es oft in Analysen Geständnissituationen gibt, haben diese doch wenig im spezifischen Sinne mit Analyse zu tun; erst das allmähliche Bewußtwerden *unbewußter* Tendenzen, die ihrerseits Strafbedürfnis und Geständniszwang bedingen, ist für die Analyse kennzeichnend. Zwar wird jemand, der beichtet, vorübergehend von bestimmten sozialen Konventionen entlastet, jedoch steht das gesamte Gespräch unter dem Einfluß einer religiösen Konvention, die sowohl die Sünde als auch ihre Vergebung definiert.

Im Laufe seiner Entwicklung und Sozialisation erwirbt jeder Mensch eine Reihe von Mustern des Erlebens und Handelns, die seine eigenen Bedürfnisse wie die damit verbundenen Handlungen und zugleich die zu erwartenden Aktionen anderer psychisch repräsentieren. Diese kognitiven Muster ermöglichen sowohl eine rasche Verständigung als auch die gedankliche Vorwegnahme von Verständigungssituationen. Man kann die Gesamtheit dieser Muster auch als eine Form »sozialen Wissens« bezeichnen. Aus dieser Sicht verwenden Flader und Grodzicki auch den Begriff der Konvention (1978, S. 48):

> »Soweit der Verständigungsvorgang der Kontrolle der Beteiligten unterliegt, sind für ihn Konventionen (soziale Regeln) des Miteinander-Handelns und -Sprechens konstitutiv. Diese Konventionen gewährleisten – wie wir in Anlehnung an die angelsächsische Sprachphilosophie [...] und den amerikanischen Interaktionismus [...] formulieren wollen –, daß Aktionen und Sprechhandlungen komplementär aufeinander bezogen und intersubjektiv geteilte Bedeutungen gebildet und ausgetauscht werden können, die der Koordinierung wechselseitiger Aktionen dienen. Diese Regeln bilden ein Kategorien-System des Handlungsverstehens und der Situationsauffassung, das in der sprachlichen Sozialisation erworben wird. Die Geltung der Konventionen (und der Deutungskategorien von Personen und ihren Aktionen) bewährt sich dabei erst an der Reziprozität beiderseitiger Handlungen, d. h. an dem tatsächlich zustande kommenden Miteinander, wie es beabsichtigt wurde und kontrolliert wird.«

Die durch Konventionen geregelten Interaktionsvorgänge legen sowohl die Möglichkeiten als auch die Unmöglichkeiten sozialen Handelns fest. Der Begriff Konvention bedeutete ursprünglich Zusammenkunft.[5] Zugleich bezeichnet er auch das Resultat der Zusammenkunft, das Übereinkommen, und im Gegensatz zu Vertrag oder Versprechen beruht die Konvention nicht auf expliziter Übereinkunft, sondern lediglich auf der (nicht notwendig sprachlichen) Kommunikationsfähigkeit, dem Interesse an geregelten Verhältnissen und der Anerkennung wechselseitiger Verhaltenserwartungen. Die Konvention stellt eine Art Ordnungsmodell dar, dessen Geltung äußerlich dadurch garantiert ist, daß man im Falle der Abweichung innerhalb einer definierbaren sozialen Gruppierung auf eine deutliche Mißbilligung stößt.

5 Vgl. »Historisches Wörterbuch der Philosophie«. Hrsg. von J. Ritter und K. Gründer. Darmstadt: Wissenschaftliche Buchgesellschaft 1976.

D. Lewis (1969) definiert Verhaltensregularitäten als Konventionen, wenn drei Bedingungen vorliegen: die Verhaltensregelmäßigkeit gilt für nahezu alle Mitglieder einer bestimmten sozialen Gruppe; die Mitglieder dieser Gruppe erwarten von den anderen Mitgliedern, daß sie der Verhaltensregularität folgen; die allseitige Befolgung der Regularität ergibt ein koordinatives Gleichgewicht (S. 52 f.). Herrmann (1985) hebt hervor, daß diese Definition von Lewis unvollständig bleibt, wenn man nicht ausdrücklich hinzufügt, »daß die *Nicht-Manifestation* von Verhaltensregularitäten mit einer gewissen Wahrscheinlichkeit *soziale Sanktionen* zur Folge hat« (S. 31; Hervorh. im Orig.). Die Konvention legt also im Sinne gegenseitiger Erwartungen fest, welche Merkmale oder Muster sozialen Handelns von zentraler Bedeutung sind bzw. als randständig gelten. Wenn die Gesamtheit geltender sozialer Regeln immer auch auf das verweist, was als konträr gilt und marginalisiert werden soll, dann kann die Konvention auch als Instrument sozialer Kontrolle aufgefaßt werden.

Ich komme nochmals auf die historische Situation, die Entstehung der psychoanalytischen Methode, zurück, muß es jedoch bei dem Hinweis belassen, daß sich gerade hier viele Beispiele für die Auseinandersetzung mit sozialen Konventionen finden lassen. Es wurde schon erwähnt, daß Lorenzer am Beispiel von Breuers Behandlung der Anna O. eine »radikale Umkehrung des Arzt-Patient-Verhältnisses« feststellte (1984, S. 114 ff.). Dieser Verzicht auf geltende ärztliche Definitionsmacht stellte die Voraussetzung für Freuds psychoanalytische Methode dar. Bis jedoch Freud die von Breuer versuchte Umkehrung des Arzt-Patient-Verhältnisses im Wechselspiel von »freier Assoziation« und »gleichschwebender Aufmerksamkeit« methodisch institutionalisierte, vergingen mehr als zehn Jahre. Erst die Selbstanalyse Freuds stellte endgültig die Voraussetzungen dafür her, daß in der Analyse das Recht des Patienten anerkannt wurde, die Themen bis in Einzelheiten hinein selbst zu wählen. Freud behandelte sich selber wie einen Patienten, und in dem Maße, wie er sich zu analysieren vermochte, erweiterte sich auch sein Verstehen der Patienten. Der Kürze halber verweise ich auf Anzieus Monographie »Freuds Selbstanalyse« (dt. 1990). Hier finden sich genügend Beispiele für die Auswirkungen nicht nur des Verzichts auf ärztliche Definitionsmacht, sondern auch des Verlusts von Verhaltensgewißheiten, der eintritt, wenn soziale Konventionen um der Erkenntnis willen aufgehoben werden. Freuds Selbstanalyse zeigt, wie hinter jedem Wissen, jeder Erkenntnis ein Kampf um Machtpositionen, oder allgemeiner, um soziale Gewißheiten, im Spiele ist; um zu wissen, muß man Machtpositionen und sozialen Gewißheiten entsagen. Die Auseinandersetzung mit Freuds Selbstanalyse ist dieser Verzichtsthematik wegen auch heute immer wieder von hohem Gewinn für das Selbstverständnis des Psychoanalytikers.

Mit zwei Hinweisen möchte ich meinen Exkurs zum Begriff der Konvention abschließen. In seiner Darstellung der Soziogenese des psychoanalytischen »Settings« hat de Swaan (1978, S. 371) die Formulierung der »sozialen Nullsituation« gewählt, um die Aufhebung der gesellschaftlich üblichen Umgangsformen mittels Grundregel und Abstinenzregel zu beschreiben. Da die psychoanalytische Situation nur in »äußerst reduzierter Form als Spielraum der direkten Interaktion freigegeben [wird]« (Lorenzer 1974, S. 143), konzentriert sich hier die von mir besonders herausgestellte Ebene der sozialen Konventionalität überwiegend auf Sprechhandlungen.

Konzepte der Technik oder Begriffe der Theorie besitzen neben dem Wert, den sie als heuristische Regeln oder als Wissenssammlung haben, auch die Funktion, die professionelle Einstellung oder Haltung zu stabilisieren; d. h. auch, sie treten an die Stelle jener Orientierungsfunktion, die durch die beschriebene Aufhebung alltäglicher Konventionen verlorengeht. Ich hoffe, es ist deutlich geworden, daß sich meine Untersuchung überwiegend auf diesen Aspekt der Konzeptbildung bezieht, weshalb ich nochmals hervorheben möchte, daß dem Analytiker unabhängig von seinem Wissen über die Psychodynamik unterschiedlicher Störungen für jede einzelne Analyse die grundsätzliche Aufgabe zufällt, *seine Kompetenz im Spannungsfeld von Konvention und Übertragung erneut herzustellen.* Daraus ergibt sich, daß neben der Analyse der Gegenübertragung auch die Bevorzugung bestimmter Konzepte selbstkritisch darauf zu prüfen ist, ob sie zu dem Vorgang beiträgt, den ich als *unbemerkte Konventionalisierung der psychoanalytischen Methode* bezeichne.

Auch die üblichen Vereinbarungen zu Beginn einer Analyse können als Konventionen angesehen werden. Jeder Analytiker ist mit dem Phänomen vertraut, daß diese wenigen Vereinbarungen von den Analysanden nicht mehr als solche, sondern als für sie besondere Bedingungen erlebt werden, deren jeweilige lebensgeschichtliche Bedeutung zunächst noch unbekannt ist. Ein Analysand kann z. B. eine Analysestunde, die auf den frühen Morgen vereinbart wurde, nach einiger Dauer der Behandlung so auffassen, als sei er der »Lieblingspatient« des Analytikers und »dürfe« deswegen »als Erster« zu ihm kommen; ebenso ist möglich, daß der Analysand annimmt, sein Analytiker schätze ihn als »besonders schwierig« ein und behandele ihn deshalb, wenn er seinen Arbeitstag beginnt, »als Ersten«.

Wenn Analysanden nicht spontan von ihrer Vorstellung sprechen, der Lieblingspatient oder der schwierigste Patient zu sein, dann kann es die Ausbildung eines starken Widerstands erforderlich machen, daß der Analytiker diese Bedeutung zeitlicher Abmachungen errät, was aber zur Voraussetzung hat, daß er den Abmachungen gegenüber, die er selbst mitgestaltet, jene Distanz besitzt, die erforderlich ist, um ihre Bedeutung zu analysieren.

Der Übergangsbereich, in dem alltägliche Konventionen aufgehoben oder überschritten werden und psychoanalytisches Vorgehen verwirklicht wird, ist als »neuralgischer Punkt« der Analyse zu sehen: hier können unbemerkt und unreflektiert normative Tendenzen die heuristischen und damit auch die therapeutischen Funktionen des psychoanalytischen Verfahrens stören.[6] Die entscheidende Auswirkung von unbemerkten und damit der Analyse selbst entzogenen Wertvorstellungen des Analytikers besteht darin, daß die durch die Analyse beabsichtigten Veränderungen von einer *ständigen Kontrolle des Patienten und seines »Materials«* durchkreuzt werden. Der Analytiker verfällt darauf, unter dem Deckmantel eines allgemein akzeptierten Konzepts der Technik, hier des Arbeitsbündnisses, an den Patienten *Forderungen* zu stellen, wodurch er nicht mehr methodisch orientiert auf den Patienten, d. h. in Distanz zu geltenden gesellschaftlichen Konventionen oder Kulturidealen reagiert, sondern dieselben unbemerkt vertritt.

Indem ich das Spannungsverhältnis von Konvention und Über-

6 Im vierten Kapitel kommentiere ich in diesem Sinne Greensons Vorgehen in der Behandlung von Herrn Z. bei der Traumanalyse (S. 70 f.).

tragung in den Mittelpunkt rücke, möchte ich eine Ebene des psychoanalytischen Geschehens beschreiben, die in üblichen Darstellungsweisen bislang nicht formuliert wird, obgleich sie zu den Voraussetzungen eines psychoanalytischen Prozesses zählt. Man könnte einwenden, meine Betrachtung der analytischen Situation stelle letztere noch komplizierter dar, als sie ohnehin schon sei. Darauf kann ich nur antworten, daß sich mir die psychoanalytische Situation in der Tat komplizierter darstellt, als sie unter dem Gesichtspunkt von Übertragung und Gegenübertragung ohnehin schon ist. Der Bezugspunkt der Konvention holt in die konkrete Analysesituation hinein, was gerne fernab von ihr diskutiert wird, wenn Veränderungen in den Verhältnissen zwischen Individuum und Gesellschaft erörtert werden (z. B. die Diskussion über den narzißtischen Sozialisationstypus in Häsing, Stubenrauch und Ziehe, 1979). Solche Veränderungen werden für den Analytiker, je mehr er gegenüber der gesellschaftlichen Dimension seines Gegenstandes naiv bleibt, zum *»untoward event«*: in Form unerwarteter Behandlungsschwierigkeiten, neuer Erscheinungsbilder von seelischen Störungen, aber auch durch ein allgemein nachlassendes Interesse an Psychoanalyse zugunsten therapeutischer Ansätze, die den aufklärenden Anspruch der Psychoanalyse nicht teilen, wird der Analytiker in »seinem« Bereich, der Behandlungssituation, von den gesellschaftlichen Veränderungen »überrascht« (vgl. Horn 1974).

Um auf das hier untersuchte Arbeitsbündnis zurückzukommen: Seine Verwendung geht durchaus mit der bewußten Absicht einher, die Analyse der Übertragung zu ermöglichen; die unkritische Anwendung dieses Konzepts kann jedoch genau das Gegenteil dessen hervorrufen, was von Greenson und anderen beabsichtigt wurde. Statt einer Stärkung der Mitarbeit des Patienten kann sich eine relative, aber spezifische Passivierung des Patienten ausbilden, während sich der Analytiker mehr und mehr die Definitionsmacht aneignet, Gutes von Bösem, Realistisches von Unrealistischem und, nicht zuletzt, Übertragung von Nicht-Übertragung zu trennen. Auf den Gesichtspunkt, inwieweit für die Analyse der Übertragung ein »exterritorialer Haltepunkt« (Thomä 1981, 1984) des Analytikers, eine Beziehungsebene von Nicht-Übertragung notwendig ist, komme ich bei der Literaturdiskussion (Kapitel 6), vor allem jedoch bei der zusammenfassenden Kritik (Kapitel 7) zurück.

Aus der skizzierten Entstehungssituation der Psychoanalyse habe ich die Berechtigung abgeleitet, den Einfluß gesellschaftlicher Faktoren auf das psychoanalytische Verfahren in der therapeutischen Situation selbst zu berücksichtigen. Hierhin gehört der Zusammenhang, den Horn zwischen der Medizinalisierung sozialer Kontrolle und der Psychoanalyse gesehen hat (1984, S. 153; Hervorh. H. D.):

»So viele spezifische Gründe für den ›Medicozentrismus‹ der Psychoanalyse, also für deren Entpolitisierung und therapeutische Professionalisierung auch angeführt werden mögen, vergessen wir darüber nicht einen ganz allgemeinen in diese Richtung wirkenden Faktor gesellschaftlicher Entwicklung [...] *eine radikale Veränderung der gesellschaftlichen Steuerung seit den heroischen Zeiten des Bürgertums.* Dieser Entpolitisierung der Bürgerrolle (und der Funktionalisierung der Berufsarbeit) ist jeder Mensch ausgesetzt, auch die Psychoanalyse Betreibenden. Weshalb sollten ausgerechnet sie von den Folgen dieser naturwüchsigen Entwicklung ausgenommen sein und weniger Mühe haben, ihr kritisches Potential, das an frühbürgerliche Traditionen anknüpft, aufrechtzuerhalten, als in dieser Hinsicht verwandte Ansätze? Und weshalb sollte die sich zuspitzende soziale Kontrolle beim Einrichten psychologischer sozialer Dienste, die – über die Mittel der herkömmlichen Medizin hinaus – auch noch die Motivation selber in die Kontrolle einbeziehen, ausgerechnet auf Psychoanalyse verzichten?«

In seiner Darstellung der Ausbreitung der Psychoanalyse in weite Bereiche des Gesundheitswesens, der Erziehung und der Kultur in Frankreich hat Castel (1973) die Etablierung eines zusätzlichen Bereichs sozialer Kontrolle, überwiegend in medizinischem, psychologischem und psychiatrischem Gewand gesehen.

Man kann einwenden, daß ich bislang den Begriff der Konvention negativ definiert habe. Ein kurzer Hinweis auf die mögliche positive Definition von Konventionen soll zeigen, daß aus der Perspektive der psychoanalytischen Methode Konventionen, gleichviel, ob sie vom Alltagsbewußtsein oder »common sense« als negativ (z. B. restriktiv) oder positiv eingeschätzt werden, der Reflexion bedürfen. In einem positiven, d. h. auf den Grad sozialer Angepaßtheit bezogenen Sinn dient konventionelles, normenreguliertes Handeln der

Herstellung von Beziehungen; dabei gründet es in moralisch-praktischem Wissen und ist an den geltenden Rechts- und Moralvorstellungen orientiert. Es wäre interessant, z. B. jene raschen Besserungen nach kurzer Analysezeit, die auch als »Übertragungsheilung« bezeichnet werden, unter dem Aspekt zu sehen, daß die betreffenden Patienten an die Tatsache, daß sie »in« einer Analyse oder »bei« einem Analytiker sind, die Illusion geknüpft haben, alles, was sie zuvor mit Schrecken und Leiden erfüllte, sei schon oder in Kürze »unter Kontrolle«. Es liegt auf der Hand, daß nicht nur Illusionen dieser Art bewußtzumachen sind, sondern auch die Motive ihrer Entstehung, z. B. die Angst, eine Äußerung bestimmter Impulse oder Wünsche dem Analytiker gegenüber würde dadurch bestraft, daß dieser die Analyse abbricht. Es bleibt für das psychoanalytische Verfahren gleich, ob man positive und negative Konventionen unterscheidet, da die Konvention sich in keinem Fall der Analyse als Hindernis in den Weg stellen sollte. Daher formuliere ich abschließend und auf die psychoanalytische Situation zugespitzt: In der unbewußten Übertragung verknüpfen sich abgewehrte Wünsche mit den Konventionen des alltäglichen Gesprächs in vergleichbarer Weise wie im Traum die infantilen Wünsche mit den Tagesresten.

Teil II

Das Arbeitsbündnis und der psychoanalytische Prozess

Kapitel 4
Greensons Analysebeispiel

Aus dem Verlauf der Analyse von Herrn Z.

In diesem und dem nächsten Kapitel wird an zwei Analyseberichten, Greensons Analyse von Herrn Z. und einem eigenen Beispiel, der Analyse von Frau B., an den Details der Behandlung gezeigt, wie analytisches Denken und Interpretieren, wenn sie ständig am Konzept des Arbeitsbündnisses orientiert sind, zu einer Hemmung des psychoanalytischen Prozesses führen.

Brenners Kritik (1979) des therapeutischen wie des Arbeitsbündnisses stützt sich darauf, Zetzel und Greenson hätten lediglich Fallvignetten verwendet; dieses Urteil trifft für Greenson nicht zu, wie der Leser von »Technik und Praxis der Psychoanalyse« (1967) und »Psychoanalytische Erkundungen« (1978) leicht feststellen kann. Die Fallbeispiele, die Greenson in den verschiedenen Abschnitten seiner Bücher gibt, lassen sich, da einige Patienten wie Herr Z. mehrfach vorkommen, so zusammenstellen, daß man auch eine Verlaufsperspektive der jeweiligen Analyse erhält. Es folgt der aus verschiedenen Textstellen rekonstruierte Verlauf der Analyse von Herrn Z.[7]

Wie kam die Analyse von Herrn Z. zustande (Greenson 1967; dt. 1973, S. 210f.)?

»Herr Z., ein junger Mann, kam zu mir in die Analyse, nachdem er zweieinhalb Jahre bei einem Analytiker in einer anderen Stadt zugebracht hatte, in einer Analyse, die ihn fast völlig unberührt

7 Herr Z. in Greenson (1967), S. 100–102, 105, 150–155, 210–214, 242–243, 289, 313–314, 316–317, 326–332 (angegeben sind die Seitenzahlen der deutschen Ausgabe 1973); in 1965a, S. 161–164; 1965b, S. 207–221; die Wiederaufnahme der Analyse in 1968, S. 266–281.

gelassen hatte. Er hatte gewisse Einsichten gewonnen, aber er hatte den deutlichen Eindruck, sein früherer Analytiker mißbillige in Wirklichkeit die infantile Sexualität, obwohl dem jungen Mann klar war, daß man von Analytikern erwartet, sie nicht zu verachten. In den Vorbesprechungen sagte mir der junge Mann, er habe die größten Schwierigkeiten beim Sprechen über Masturbation, und er habe seinem vorigen Analytiker diese Information oft bewußt vorenthalten. Er habe diesem das Vorhandensein vieler bewußter Geheimnisse mitgeteilt, aber sich trotzdem eigensinnig geweigert, sie preiszugeben. Er gab sich nie von ganzem Herzen dem freien Assoziieren hin, und es hatte viele Stunden langen Schweigens gegeben, in denen er und sein Analytiker stumm geblieben waren. Die Art, wie der Patient zu mir in Beziehung trat, seine Lebensgeschichte und mein allgemeiner klinischer Eindruck ließen mich jedoch glauben, er sei analysierbar, der Tatsache zum Trotz, daß er mit seinem ersten Analytiker kein Arbeitsbündnis hatte schließen können. Ich unternahm es, Herrn Z. zu analysieren, und erfuhr sehr viel über seine negativen Reaktionen auf seinen vorigen Analytiker, von denen einige auf die Art zurückgingen, wie dieser die Analyse geführt hatte.«

Nach diesem Auftakt folgen zwei Situationen aus den ersten Analysestunden, deren Darstellung Greenson dazu dient, zum einen Auswirkungen aufzuzeigen, die er auf das Fehlen eines Arbeitsbündnisses zurückführt, und zum anderen zu demonstrieren, wie er praktisch vorgeht, um das Arbeitsbündnis herzustellen (o. c., S. 211 f.):

»Der Patient nahm in einer der ersten Stunden auf der Couch eine Zigarette heraus und zündete sie sich an. Ich fragte ihn, was er empfunden habe, als er sich entschloß, die Zigarette anzuzünden. Er antwortete mürrisch, er wisse, daß er in seiner vorigen Analyse nicht habe rauchen sollen, und er habe angenommen, ich würde es auch verbieten. Ich sagte zu Herrn Z., ich wolle wissen, was für Gefühle, Vorstellungen und Empfindungen in dem Augenblick in ihm gewesen seien, als er beschloß, die Zigarette anzuzünden. Da gestand er, daß er in der Stunde etwas Angst bekommen hatte, und um diese Angst vor meinen Blicken zu verbergen, hatte er beschlossen, die Zigarette anzuzünden. Ich erwiderte, es sei vorzuziehen, daß solche Gefühle und Vorstellungen in Worten ausgedrückt würden anstatt in Handlungen, denn dann würde ich genauer verstehen, was in ihm vorginge. Er erkannte nun, daß ich ihm nicht verbot zu rauchen, sondern ihn nur darauf hinwies, daß es den Prozeß des Analysiertwerdens besser voranbrächte, wenn er sich in Worten und Gefühlen ausdrückte. Er stellte dies der Haltung seines ersten Analytikers gegenüber, der ihm, bevor er sich auf die Couch legte, gesagt hatte, es sei üblich, auf der Couch nicht zu rauchen. Es erfolgte keine Erklärung, und der Patient hatte das Gefühl, sein erster Analytiker gehe willkürlich vor.«

An der zweiten Analysesituation, die darin besteht, daß Herr Z. einige Stunden später die Frage stellt, ob sein Analytiker verheiratet sei, demonstriert Greenson erneut sein Vorgehen im Sinne des Arbeitsbündnisses (l. c.):

»Ich entgegnete, indem ich ihn fragte, was er sich darüber vorstelle. Er gestand zögernd ein, daß er zwischen zwei Gruppen von Phantasien hin- und hergerissen war, einer, ich sei ein Junggeselle, der seine Arbeit liebe und nur für seine Patienten lebe; die andere Phantasie hatte zum Inhalt, ich sei ein glücklich verheirateter Mann mit vielen Kindern. Dann sprach er spontan weiter und sagte, er hoffe, ich sei glücklich verheiratet, denn dann wäre ich besser in der Lage, ihm bei seinen sexuellen Problemen zu helfen. Dann verbesserte Herr Z. sich und sagte, es sei ihm peinlich, sich vorzustellen, daß ich sexuelle Beziehungen mit meiner Frau hätte, denn das mache ihn verlegen und gehe ihn nichts an. Nun wies ich darauf hin, wie der Umstand, daß ich seine Frage nicht beantwortet und ihn statt dessen gebeten hatte, über seine Phantasien in bezug auf die Antwort zu sprechen, dazu geführt hatte, daß er aufdeckte, worauf er eigentlich neugierig war. Ich sagte ihm, ich würde Fragen nicht beantworten, wenn ich das Gefühl hätte, es würde mehr dabei herauskommen, wenn ich schwiege und ihn zu seiner eigenen Frage assoziieren ließe. In diesem Augenblick weinte Herr Z. ein wenig, und nach einer kurzen Pause erzählte er mir, am Anfang seiner vorigen Analyse habe er viele Fragen gestellt. Sein früherer Analytiker habe niemals geantwortet und auch niemals erklärt, warum er schwieg. Er empfand das Schweigen seines Analytikers als eine Abwertung und Demütigung, und er erkannte nun, daß sein eigenes späteres Schweigen eine Vergeltung für diese eingebildete Ungerechtigkeit war. Etwas später erkannte er, daß er sich mit der vermuteten Verachtung seines ersten Analytikers identifiziert hatte. Herr Z. empfand Geringschätzung für die Prüderie seines Analytikers; zugleich war er voll von schweren Selbstvorwürfen wegen seiner eigenen sexuellen Praktiken, die er dann auf den Analytiker zurückprojizierte.«

Greenson schließt aus diesen beiden Analysesituationen, daß sich Herr Z. auf der Grundlage von Furcht und Feindseligkeit mit seinem früheren Analytiker identifiziert habe, was »zu einer Verzerrung der Arbeitsbeziehung führte anstatt zu einem effektiven Arbeitsbündnis« (o. c., S. 211). Greensons Schlußfolgerung erfolgt unvermittelt; der Leser kann sie nicht unabhängig von Greenson aus den geschilderten Analysesituationen entwickeln. Ebenso schwer läßt sich nachvollziehen, daß auch der erste Analytiker diesen Zusammenhang erkannt und gedeutet haben soll, was jedoch wirkungslos geblieben sei, »weil der frühere Analytiker so gearbeitet hatte, daß er das infantil-neurotische Verhalten des Patienten ständig gerechtfertigt und so das Eindringen der Übertragungsneurose in das Arbeitsbündnis gefördert hatte« (o. c., S. 212).

Zwei Formulierungen belegen, wie Greenson seine psychoanalytische Arbeit im Gegensatz zu der des früheren Analytikers von Herrn Z. einschätzt. Die erste lautet: »Fast von Anfang an bestand ein verhältnismäßig ertragreiches Arbeitsbündnis. Meine Art, die Analyse zu führen, gab ihm das Gefühl, ich hätte echtes, menschliches Interesse an seinem Wohlbefinden und Achtung vor seiner Stellung als Patient« (1965 a, S. 163). Die zweite Formulierung ist überdies bezeichnend für Greensons Genauigkeit, was die Verwendung seiner Beispiele betrifft; Greenson vermutet einen Zusammenhang zwischen seinem Vorgehen und den späteren Widerständen seines Patienten (1967; dt. 1973, S. 212):

»Fast von Anfang an bestand ein relativ wirksames Arbeitsbündnis. Jedoch mobilisierte meine Art, die Analyse zu führen, die ihm echte menschliche Anteilnahme an seinem Wohlergehen und Achtung vor seiner Stellung als Patient anzuzeigen schien, in einer späteren Phase der Analyse wichtige Übertragungswiderstände.«

Es folgt der entsprechende Abschnitt aus dem dritten Analysejahr (l. c.; Hervorh. H. D.):

»Ich begann zu erkennen, daß trotz einem anscheinend guten Arbeitsbündnis und einer starken Übertragungsneurose im äußeren Leben des Patienten viele Bereiche sich nicht entsprechend der analytischen Arbeit zu verändern schienen. *Schließlich gelang es mir herauszufinden, daß der Patient eine subtile, aber spezifische Hemmung durch analytische Arbeit außerhalb der Analysestunde entwickelt hatte.* Wenn Herr Z. außerhalb der Stunde aus dem Gleichgewicht geriet, fragte er sich, was ihn aus dem Gleichgewicht gebracht habe. Gewöhnlich gelang es ihm, sich auf die Situation zu besinnen. Manchmal fiel ihm sogar die Bedeutung des betreffenden Ereignisses ein, die ich ihm zu einem früheren Zeitpunkt erklärt hatte, aber diese Einsicht blieb für ihn relativ bedeutungslos; sie kam ihm fremd, künstlich und auswendig gelernt vor. Es war nicht seine Einsicht; es war meine, und darum hatte sie keine lebendige Bedeutung für ihn. In bezug auf die Bedeutung der Ereignisse, die ihn aus dem Gleichgewicht brachten, war er dabei relativ ratlos. *Er schien zwar in der analytischen Situation ein Arbeitsbündnis mit mir geschlossen zu haben, aber anscheinend bestand es außerhalb der Analysestunde nicht weiter.* Die Analyse ergab, daß der Patient es sich nicht gestattete, außerhalb der Analysestunde irgendeine Haltung, Methode oder Anschauung anzunehmen, die der meinen glich. Er hatte das Gefühl, wenn er dies täte, wäre es gleichbedeutend mit dem Eingeständnis, ich sei in ihn eingedrungen. Das war unerträglich, weil Herr Z. es als homosexuelle Vergewaltigung empfand, als eine Wiederholung mehrerer Traumata aus Kindheit und Pubertät. Wir konnten allmählich aufdecken, daß der Patient den Prozeß der Introjektion sexualisiert und mit Aggression erfüllt hatte. Diese neue Einsicht war für den Patienten der Ausgangspunkt, von dem aus er zu lernen begann, die verschiedenen Varianten des ›In-sich-Aufnehmens‹ zu unterscheiden. Nach und nach konnte der Patient in bezug auf das Einnehmen eines analytischen Standpunkts eine von Homosexualität freie Identifizierung mit mir wieder herstellen. Auf diese Weise wurde eine Arbeitsbeziehung, die von der Übertragungsneurose überschwemmt worden war, wieder relativ frei von infantil-neurotischen Zügen. Die vorher gewonnenen Einsichten, die unwirksam geblieben waren, führten schließlich zu signifikanten und bleibenden Veränderungen.«

Die Analysesituation, in der Herr Z. keine Veränderungen seines Verhaltens außerhalb der analytischen Situation zeigte, beschrieb Greenson auch in seiner Arbeit »Das Problem des Durcharbeitens« (1965b). Hier stellte er ebenfalls in den Mittelpunkt, daß »die Homosexualität [...] den beständigsten und schmerzlichsten Teil der Übertragungswiderstände des Patienten« bildete (o. c., S. 211). Dazu griff er auf lebensgeschichtliche Details, vor allem auf Verführungssituationen in früher Kindheit zurück; leider erfährt man nicht, in welcher Analysesituation der Patient diese Einzelheiten erinnerte, was für die Perspektive des psychoanalytischen Prozesses sehr bedeutsam wäre. Wir erfahren aber, daß es einer »speziellen Maßnahme« bedurfte, um nach der Deutung der befürchteten Homosexualität den von Greenson konstatierten therapeutischen Stillstand aufzuheben (o. c., S. 214):

»Mit dieser neuen Erkenntnis bemühte sich der Patient eifrig, seine Hemmung zu überwinden. Er glaubte, daß ihm dies besser gelingen würde, wenn er sich nunmehr setzen und mich ansehen konnte. Ich stimmte zu, und er tat dies drei Wochen lang. Während dieser Zeit untersuchte ich mit ihm zusammen die Situation auf der Gesellschaft, die uns auf seine ›Identifizierungsphobie‹ aufmerksam gemacht hatte.«

Was war geschehen?

»Herr Z. hatte auf einer Gesellschaft eine attraktive junge Frau kennengelernt und wieder festgestellt, daß er auf typisch neurotische Weise reagierte: er empfand Feindseligkeit ihr gegenüber, hatte den Zwangsgedanken, sie sei eine Hure; er verfiel in trübsinniges Schweigen und zog sich zurück. Dann fügte er hinzu: ›Ich hatte keine Ahnung, weshalb das passieren mußte.‹« (o. c., S. 212.)

Greenson war verwundert; es schien ihm auf der Hand zu liegen, daß die junge Frau Herrn Z. an seine Mutter erinnert hatte. Auch wenn der Patient selbst auf diesen Gedanken gekommen wäre, so schließt Greenson, hätte er ihn nicht für seine Erkenntnis gehalten, weil er außerhalb der Analysestunde keinen Gesichtspunkt vertreten durfte, der dem seines Analytikers glich.

Wie entwickelte sich die neue Situation weiter?

»Wie einen phobischen Patienten ermutigte ich ihn, die frühere phobische Situation (in der Phantasie) wieder aufzusuchen. Ich half ihm erkennen, wie er reagiert haben könnte, hätte er gewagt, sich in der Situation mit dem analytischen Gesichtspunkt zu identifizieren. [...] Nach drei Wochen entschloß er sich spontan, sich wieder auf die Couch zu legen.« (o. c., S. 214f.)

Einige Monate später wurde die Analyse abgeschlossen. In Greensons Arbeit »Die Verwendung von Traumsequenzen zur Aufdeckung technischer Fehler: Eine klinische Studie« (1968) erfahren wir, daß Herr Z. fünf Jahre später erneut zur Analyse kam. »Was nicht durchgearbeitet worden war, war die frühe, verschlingende Beziehung zu seiner Mutter«, erläutert Greenson (1965b, S. 215). Ich gebe im folgenden sowohl den Anlaß zur erneuten Analyse als auch eine Analysestunde wieder (1968, S. 267f.; Hervorh. H. D.):

»Herr Z. war fast vier Jahre in Behandlung, als wir uns in beiderseitigem Einvernehmen entschlossen, seine Analyse zu unterbrechen. Oberflächlich betrachtet waren die meisten seiner Symptome zurückgegangen, und er hatte zudem die seltene Gelegenheit, eine Geschäftspartnerschaft einzugehen, die es mit sich brachte, daß er oft lange Zeit auf Reisen sein mußte. *Während seiner zweiten Analyse erkannten wir später beide, daß in der psychoanalytischen Situation ein unbewußter, ungelöster Stillstand eingetreten war.* Die Tatsache, daß ich der Unterbrechung zugestimmt hatte, spielte bei unseren nachfolgenden Schwierigkeiten eine wichtige Rolle. Ich hatte wiederholt, was seine Eltern getan hatten, d. h., ihn gefühlsmäßig und physisch allein gelassen. Nach der Unterbrechung der Analyse gewöhnte er sich daran, regelmäßig ein starkes Schlafmittel zu nehmen, obwohl es sich als relativ unwirksam erwies. Während der wachen Intervalle bedrängten ihn zweierlei Phantasien von Selbstzerstörung, die er sich sehr genau ausmalte. Am häufigsten war die Phantasie, gehängt, die andere, erschossen zu werden. Diese Phantasien waren unangenehm, doch sie waren nicht von bewußt empfundener, großer Angst begleitet. [...] Die Stunden, die ich beschreiben werde, fanden fünf Monate nach der Wiederaufnahme der Analyse statt. Ich hatte dem Patienten in den Stunden, die den hier eingehend geschilderten vorausgingen, wiederholt angedeutet, daß die Einnahme der Schlaftabletten ein Widerstand gegen die Analyse sei. Einerseits waren diese Tabletten eine Art magisches Mittel, das die Schlaflosigkeit ohne Analyse beseitigen sollte;

andererseits dienten sie dazu, meine Deutungen hinfällig zu machen.«

Greenson schildert eine Stunde, in der ihm, wie er nachträglich schließt, ein technischer Fehler unterlief; er sei vor allem daran orientiert gewesen, die unbewußten Inhalte eines Traumes herauszufinden, und habe deswegen nicht erkannt, daß Herr Z. ihn vielleicht provozieren wollte. Als Herr Z. in den nachfolgenden Stunden darauf insistierte, Greenson sei über ihn verärgert gewesen und habe versucht, ihn zu demütigen, bestätigte Greenson diese Empfindung; er fügte hinzu, er habe zuviel geredet. Allmählich verliert sich wieder Herrn Z.s Wut; die entstandene Situation wird von Greenson dahingehend charakterisiert, Herr Z. und er hätten wieder effektiv arbeiten können. Ich möchte die Stunde mit Greensons technischem Fehler auszugsweise zitieren, weil meiner Auffassung nach der von Greenson benannte »technische Fehler« eine Konsequenz des Arbeitsbündniskonzepts ist. Greensons Bericht lautet (o. c., S. 268 f.):

»Der Patient begann die Stunde, indem er mir erzählte, er habe keinerlei Schlaftabletten genommen. Er schlief nicht [...] und war bis etwa sechs Uhr morgens mehr oder weniger wach gewesen. Dann war er eingeschlummert und hatte geträumt. Er fühlte sich erschöpft, und die Arbeit fiel ihm sehr schwer. Es war eine höchst unangenehme Nacht gewesen. In der Nacht war er auf mich wütend und ärgerlich gewesen und hatte sich gefragt: ›Weshalb, um alles in der Welt, höre ich auf diesen Mann?‹ [...] Herr Z. berichtete nun die folgenden Träume oder Traumteile:

›Ich war in einer Wohnung, und meine Mutter war irgendwo in der Nähe. Ich öffnete einen Schrank und fand eine Hutschachtel und darin einen Borsalino-Herrenhut. Er war seltsam. Er war mir zu groß und hatte eine sehr breite Krempe und einen sehr hohen Kopf. Ich fingerte daran herum, um ihn in Form zu bringen, aber er paßte mir immer noch nicht. Im nächsten Teil des Traumes kam auch ein Hut vor, aber das war eine Art altmodischer Zylinder. Sonderbarerweise hing an der Rückseite ein capeartiges Gewand [...] wie sie es in der Fremdenlegion tragen. [...] Ich setzte ihn auf und veränderte seine Form. Jetzt wurde er zu einem Überseekäppi, wie man sie im Zweiten Weltkrieg hatte, aus weichem Stoff. [...] Irgendwie steckte in all dem ein Hinweis auf einen

Mann, der der größte Hersteller von künstlichen Lebensmitteln war, die er nach Europa oder Afrika schickt.‹«

Auf den Traumbericht folgen Erinnerungen an Großvater und Stiefvater, die beide sehr gern die unterschiedlichsten Hüte trugen. Zwischen diesen Erinnerungen formuliert Herr Z., daß er sich über seinen Analytiker ärgere (o. c., S. 270):

»›Ich habe das Gefühl, Sie sind dafür verantwortlich, daß ich nicht schlafen kann. Sie haben mich dazu gebracht, auf die Schlaftabletten zu verzichten, und nun geht es mir schlechter.‹«

Außerdem macht Herr Z. Greenson den Vorwurf, er wisse nicht, was er tue. Greenson beschreibt sein Vorgehen (l. c.):

»An dieser Stelle griff ich ein und sagte: ›Sie sind wütend auf mich, weil ich meinte, daß Ihre Analyse besser vorangehen würde, wenn Sie keine Schlaftabletten mehr nehmen. Sie bezweifeln die Richtigkeit dieser Entscheidung und fragen sich ganz allgemein, ob ich weiß, was ich tue. In gewisser Weise scheint Ihr Traum von etwas Ähnlichem zu handeln. Sie probieren einen Hut an, der Ihnen nicht paßt. Er scheint Ihnen nicht einmal zu gehören. Was fällt Ihnen dazu ein?«

Nachdem Herr Z. noch einmal über die verschiedenen Hüte von Großvater und Vater gesprochen hat, erinnert er sich ausführlich an einen französischen Hauptmann, der, nachdem er sich mit ihm befreundet hatte, von einem Wachsoldaten erschossen wurde. Er charakterisierte ihn so (o. c., S. 271 f.): »›Ich mochte ihn. Er war ein ruhiger Mann, schweigsam, aber herzlich und freundlich.‹«

Es folgen Überlegungen Greensons (o. c., S. 272; Hervorheb. H. D.):

»An diesem Punkt hatte ich das Gefühl, daß *zuviel Material* vorlag, und ich wußte nicht, welchen Weg ich einschlagen sollte. Zuerst kam seine Ablehnung meiner Person, weil ich ihm die Schlaftabletten weggenommen hatte, dann der Traum, der besagte, daß er die ›sexuellen‹ Hüte seines Stiefvaters benutzen wollte, und nun das Thema eines freundlichen Hauptmanns, der von einem Soldaten getötet wurde, der ihn hätte bewachen sollen. Im nachhinein glaube ich tatsächlich, daß ich unbewußt durch die Vorstellung von dem senegalesischen Wachsoldaten alarmiert wurde, der den Hauptmann getötet hatte. *Ich fragte dann den Patienten:* ›Ein Fabrikant von künstlichen Nahrungsmitteln, die in unterentwickelte Länder geschickt werden?‹ Ich mache es mir zum Prinzip, ein bizarres Moment aus dem Traum hervorzuheben, das mit dem Hauptthema des Traums nicht zusammenpaßt. [...] Herrn Z.s Assoziation galt nun einem ehemaligen Vorgesetzten von ihm. Er hatte kürzlich etwas über die Herstellung künstlicher Nahrungsmittel für die unterentwickelten Länder der Welt gelesen. Plötzlich fiel ihm ein, daß es in Santa Monica eine Firma gab, die das tat. (Ich wohne in Santa Monica, und er suchte mich zu Hause auf, wo ich am späten Nachmittag arbeite.) Ich unterbrach und sagte etwa: ›Sie sind wütend auf mich, weil ich Ihnen die künstlichen Schlafmittel wegnehme. Ihre Wut auf mich hält Sie wach, und das ist etwas Neues. Wenn Sie sonst nicht schlafen können, sind Sie voller selbstzerstörerischer Phantasien. Diesmal sind Sie mit Feindseligkeit gegen mich geladen, was sogar so weit geht, daß Sie mich fragen, ob ich weiß, was ich tue. [...] Ich frage mich, ob Sie nicht das Gefühl haben, daß ich Ihnen gefährlich werde. Indem ich Sie veranlasse, keine Schlaftabletten mehr einzunehmen, erfahre ich vielleicht zuviel über Sie. Vielleicht könnte ich Sie verwunden wie der Senegalese, der den französischen Hauptmann tötete, den er bewachen sollte.‹«

Nach dieser Deutung entwickelt sich eine Art Wortwechsel, mit dem die Stunde schließt. Herr Z. kommentiert die Deutung damit, daß er nicht zuhöre und gerne ginge. Greenson antwortet darauf (o. c., S. 272; Hervorh. H. D.):

»›*Mir scheint klar, daß Sie nicht wirklich an der Analyse arbeiten wollen.* Sie wollen nicht frei assoziieren, echte Ängste und Wünsche nicht preisgeben. [...] Ich verlange etwas Neues. Sie sollen auf die Schlaftabletten verzichten. Sie reagieren, als ob ich Ihnen etwas Wertvolles wegnähme.‹ Worauf Herr Z. antwortet: ›Sie haben immer so tolle Erklärungen! Sie wirken so intelligent, aber ich muß Ihnen sagen, ich verstehe nicht, was Sie erzählen. Sie können es immer wieder sagen, aber ich werde Ihnen trotzdem nicht zuhören, und ich werde nichts verstehen.‹«

Greenson meint, sein technischer Fehler habe darin bestanden, daß er sich auf die unbewußten Inhalte des Traumes beschränkte und, kurz gesagt, den Widerstand der negativen Übertragung übersah. Ich hebe hervor, daß er hier nicht, wie an anderer Stelle, in Betracht zieht, seine Art zu analysieren habe zu der falschen Deutung geführt.

Der Vollständigkeit halber sei noch der letzte Passus dieses Analyseabschnitts – nachdem aus Greensons Sicht wieder ein »effektives Arbeitsbündnis« hergestellt war – wiedergegeben (o. c., S. 280):

»Herr Z. assoziiert: ›Ich wollte nicht wirklich aufhören. Ich wollte Ihnen zeigen, daß ich Sie nicht brauche – aber ich weiß, daß das nicht stimmt.‹ Ich erwidere: ›Richtig. Sie sind nicht mehr der hilflose kleine Bub, dem man Rätsel aufgeben mußte und der glaubte, daß die Erwachsenen Gedanken lesen können. Sie sind alt genug, von der Toilette aufzustehen und die Analyse aufzugeben. Sie können Ihren Groll ausagieren oder aber erkennen, daß ich Ihnen helfen will, die verworrenen Phantasien der Vergangenheit loszuwerden.‹ Der Patient assoziiert: ›Ja, ich muß akzeptieren, daß ich alle meine Toilettenphantasien preisgeben muß, wenn ich eine ordentliche Analyse machen will, aber – und das ist ein großes Aber! – ich tue es, um mir selbst zu helfen, nicht um mich zu quälen, noch um Ihnen zu gefallen. (Pause.) Sie können mir nicht zum Schlaf verhelfen, wenn ich auf der Hut oder auf Wache bin. Ich bin nicht mehr in Feindesland. (Pause.) Die Schwarzen haben ihre Fehler [in einem weiteren Traumfragment von Herrn Z. trat im manifesten Traumbild ein Farbiger auf], aber sie können auch sehr tüchtig sein – wie Ralph Bunche.‹ (Pause.) Ich unterbreche: ›Oder wie Ralph Greenson.‹«

Kommentar zur Analyse von Herrn Z.

In dieser Falldarstellung bildet die Annahme, einige der »negativen Reaktionen« von Herrn Z. seien durch die Art zustande gekommen, wie der frühere Analytiker die Analyse handhabte, die feste Grundlage, auf der Greenson demonstriert, wie er seinerseits eine Analyse führt. Greenson scheint die Andeutungen seines Patienten, der erste Analytiker habe sich autoritär und uneinfühlsam verhalten, als schiere Fakten zu nehmen, wenn er schreibt: »Herr Z., ein junger Mann, kam zu mir in die Analyse, nachdem er zweieinhalb Jahre bei einem Analytiker in einer anderen Stadt zugebracht hatte, in einer Analyse, die ihn fast völlig unberührt gelassen hatte.«

Dieser Satz erzielt eine eindeutige Wirkung: die erwähnte erste Analyse von zweieinhalb Jahren Dauer hatte nichts geleistet. Dennoch stellen sich Fragen ein, auf die man in Greensons Text keine Antworten findet. Hatte Herr Z. seine erste Analyse nach zweieinhalb Jahren abgebrochen? Gab es eine Übereinkunft zwischen dem ersten Analytiker und Herrn Z., die Analyse nach zweieinhalb Jahren zu beenden? Vielleicht eine Art von Übereinkunft, wie sie nach fast vier Jahren Analyse zwischen Greenson und Herrn Z. geschlossen wurde? Stammt die Äußerung, die erste Analyse habe ihn fast völlig unberührt gelassen, von Herrn Z.? Wenn ja, warum nimmt Greenson diese Äußerung als gesichertes Faktum und baut darauf seine Schlußfolgerung auf, Herr Z. habe mit dem ersten Analytiker kein Arbeitsbündnis schließen können? Wenn nein, warum stuft Greenson dann seine Vorstellung, die erste Analyse habe Herrn Z. völlig unberührt gelassen, nicht als eine eigene Phantasie über Herrn Z. ein?

»Die Art, wie der Patient zu mir in Beziehung trat, seine Lebensgeschichte und mein allgemeiner klinischer Eindruck ließen mich jedoch glauben, er sei analysierbar, der Tatsache zum Trotz, daß er mit seinem ersten Analytiker kein Arbeitsbündnis hatte schließen können.«

Auch dieser Satz enthält eine eigentümliche Mischung von Eindeutigkeit und Unklarheit. In welcher Art trat denn der Patient in Beziehung zu Greenson? Was meint Greenson, wenn er die Lebensgeschichte von Herrn Z. erwähnt? Und was soll man sich unter Greensons »allgemeinem klinischen Eindruck« vorstellen? Ist nicht denkbar, daß Herr Z., der vielleicht mit bewußten Vorwürfen an seinen Analytiker aus der ersten Analyse herausging, um so williger Greensons »Arbeitsangebot« aufgriff, weil er sich wiederum einer Autorität unterordnen konnte? Außerdem stellt sich die Frage, ob das Thema von Unterordnung oder Unterwerfung nicht von ungleich größerer Bedeutung ist als die Bewertung, die Greenson vornimmt, wenn er die erste Analyse negativ, die zweite positiv charakterisiert.

Ebenso unklar wie in seiner Schilderung des Analysebeginns bleibt Greenson im »Zigaretten-Beispiel«. Ich möchte keine Diskussion darüber beginnen, ob Greensons Hinweis, den er Herrn Z. gibt, es sei besser, Gefühle und Vorstellungen in Worten anstatt in

Handlungen auszudrücken, so gesichert ist, wie er ihn vorbringt. Vielmehr sehe ich Greensons Unklarheit darin, daß er nicht darstellt, welche Hinweise er aus den Einfällen seines Patienten auf sein eigenes Vorgehen herausliest. Aus seiner Sicht liegen die Dinge so, daß der frühere Analytiker durch sein rigides Verhalten eine negative Reaktion des Patienten provoziert hat, während er selber durch sein Vorgehen im Sinne des Arbeitsbündnisses eine positive Reaktion bewirkt. Was wird in diesem frühen Stadium der Analyse mit der Feststellung gewonnen, daß der Patient erkannt habe, Greenson sei nicht verbietend? Wird damit nicht vor allem der vermutete Gegensatz zwischen dem ersten und dem zweiten Analytiker abgestützt? Ich habe den Eindruck, daß sich Greenson, bevor er die aktuelle Übertragungssituation bearbeitet, die »positiven« Beziehungsfähigkeiten des Patienten sichern möchte. Aus Greensons Sicht wird mit diesem Vorgehen ein Beitrag zur Herstellung des Arbeitsbündnisses geleistet; aber stellt dieses Vorgehen nicht eine Manipulation der Übertragung dar? Wenn diese Annahme zutrifft, dann verdichtet sich der Eindruck, daß das aktuelle, unbewußte Übertragungsthema Unterordnung oder Unterwerfung lautet.

Auch im »Verheiratet-oder-nicht-Beispiel« behält der erste Analytiker eine eindeutig negative Rolle. Durch sein kombiniertes Vorgehen von Gegenfrage und Erklärung gewinnt Greenson eine Reihe von Einfällen, und es scheint, daß Herr Z. zwischen zwei Phantasien schwankt: zum einen, Greenson sei Junggeselle und lebe ausschließlich für seine Patienten, zum anderen, er sei glücklich verheiratet und habe viele Kinder. Man gewinnt den Eindruck, als sei es für Herrn Z., was die noch ausstehende Lösung seiner eigenen sexuellen Probleme angeht, beruhigender, wenn er sich vorstellt, daß Greenson verheiratet sei. Zugleich aber ist ihm die Vorstellung, Greenson habe zu seiner Frau sexuelle Beziehungen, peinlich. Leider erfahren wir nichts darüber, ob Greenson über seine Interventionen von Gegenfrage und Erklärung hinaus diese Einfälle gedeutet hat. Sein Beispiel sieht eher danach aus, als sei es ihm in dieser Situation wichtiger gewesen, den Patienten in eine bestimmte Arbeitsweise einzuüben. Ich möchte kurz eine alternative Vorgehensweise formulieren. Sie könnte darin bestehen, Herrn Z. eine Deutung dieser Einfälle zu geben und über die weitere Arbeit mit dieser Deutung bzw. ihrer Korrektur den psychoanalytischen Prozeß zu initiieren.

Bei dem »Verheiratet-oder-nicht-Beispiel« gehe ich von der Überlegung aus, wie Herr Z. Greensons Bemühen, ihn für eine bestimmte Arbeitsweise zu engagieren, im Kontext seiner spezifischen neurotischen Konfliktverarbeitung erleben mag. Die latenten oder vorbewußten Gedanken hinter der manifesten Frage von Herrn Z. könnten lauten: Mein Analytiker bemüht sich um mich – was will er von mir? Sucht er bei mir eine Befriedigung, die ihm in seinem privaten Leben versagt bleibt? Will er mich verführen? Ist er verheiratet? Hoffentlich ist er verheiratet! Wenn er aber verheiratet ist, interessiert er sich dann überhaupt für mich? Oder ist er verheiratet und mit seiner Frau unzufrieden?

Aus dem zuletzt erörterten Beispiel schließt Greenson, daß die Identifizierung mit dem früheren Analytiker, die auf Furcht und Feindseligkeit gegründet war, zu einer Verzerrung der Arbeitsbeziehung anstatt zu einem leistungsfähigen Arbeitsbündnis geführt habe. Im Gegensatz zum Vorgehen des ersten Analytikers habe jedoch seine Art, die Analyse zu führen, dem Patienten das Gefühl gegeben, sein neuer Analytiker »hätte echtes, menschliches Interesse an seinem Wohlbefinden und Achtung vor seiner Stellung als Patient«.

Mein Kommentar mündet in eine vorläufige Annahme: Greensons Ausführungen über das Arbeitsbündnis, so plausibel sie in sich klingen mögen, weisen jedoch auch darauf hin, daß entscheidende unbewußte Momente der aktuellen Analysesituation unverstanden blieben. Zwischen dem schon genannten wie auch den weiteren Analyseabschnitten besteht eine geradezu symptomatische Ähnlichkeit: *Greenson äußert sich genau dann, wenn er der Frage nachgehen könnte, wie Herr Z. das Vorgehen seines Analytikers erlebt, zum Stand des Arbeitsbündnisses.*

Im dritten Analysejahr glaubt Greenson zu erkennen, »daß trotz einem anscheinend guten Arbeitsbündnis und einer starken Übertragungsneurose im äußeren Leben des Patienten viele Bereiche sich nicht entsprechend der analytischen Arbeit zu verändern schienen«. Er bringt dies pauschal mit seiner Art, »die Analyse zu führen«, zusammen, während meines Erachtens die spezifische Antwort auf seine Frage lautet: seine Art, die Analyse zu führen, ist eine unmittelbare Konsequenz des Arbeitsbündniskonzepts.

Was Greensons Text betrifft, so entsteht wiederum das Phänomen, daß sich bei genauerem Hinsehen die Stimmigkeit seiner Überlegungen in Widersprüche verwandelt. Ich erinnere an folgende Formulierung:

»Schließlich gelang es mir herauszufinden, daß der Patient eine subtile, aber spezifische Hemmung durch analytische Arbeit außerhalb der Analysestunde entwickelt hatte.«

Wird diese Formulierung nicht, je genauer man hinschaut, um so rätselhafter? Durch analytische Arbeit außerhalb der Analysestunde soll der Patient eine subtile, aber spezifische Hemmung entwickelt haben? Oder soll die analytische Arbeit bewirkt haben, daß er außerhalb der Analysestunde eine subtile, aber spezifische Hemmung entwickelte? Zur Klärung greife ich auf das Original zurück (1965 a, p. 211):

»Eventually I discovered that the patient had developed a subtle but specific inhibition in doing analytic work outside the analytic hour.«

Im Original von »Technik und Praxis der Psychoanalyse« (1967, p. 200) ist dieser Satz leicht verändert:

»Eventually I was able to discover that the patient had developed a subtle but specific inhibition in doing analytic work outside of the analytic hour.«

Der Doppelveröffentlichung des Arbeitsbündnis-Aufsatzes entsprechen zwei deutsche Übersetzungen. Die schon zitierte stammt aus der Übersetzung von »The Technique and Practice of Psychoanalysis« (1967); die zweite Übersetzung geht auf die Arbeit 1965 a zurück und lautet (1966, S. 91; identisch mit 1978, dt. 1982, S. 163):

»Schließlich entdeckte ich, daß der Patient eine feine, aber spezifische Hemmung entwickelt hatte, indem er außerhalb der Analysestunde analytische Arbeit leistete.«

Der Sinnzusammenhang dieser Formulierung wird noch rätselhafter, wenn man Greensons Bemerkung hinzufügt, daß zwischen ihm und dem Patienten zwar *in* der Analysestunde, aber nicht *außerhalb* der Stunde ein Arbeitsbündnis bestand.

Es läge auf der Argumentationslinie von Greenson, wenn sich auch außerhalb der Analysestunden das Arbeitsbündnis als relativ stabile psychische Struktur herausgebildet hätte. Nun heißt es aber in der Übersetzung, die von zwei Analytikern angefertigt wurde, der Patient habe *außerhalb* der Analysestunde analytische Arbeit geleistet, was zu einer spezifischen Hemmung führte. An der analytischen Arbeit, von der dauernd die Rede ist, scheint etwas nicht zu stimmen!

Formal betrachtet haben die Übersetzer fehlerhaft übersetzt, wenn sie Greensons Aussage, daß der Patient gehemmt war, außerhalb der Analysestunde analytisch zu arbeiten, beiseiteschieben und statt dessen zu der Hemmung des Patienten ausführen, sie bestehe deshalb, weil er außerhalb der Stunde analytische Arbeit leiste. Bezieht man die psychoanalytische Kompetenz der Übersetzer ein, dann muß man annehmen, daß sie Greensons mehrdeutige Formulierung interpretierend übersetzt haben. Dadurch wird eine Unklarheit freigelegt, die meines Erachtens damit zusammenhängt, daß Greenson dem Leser an keiner Stelle ausführlich darlegt, was alles in seinen Begriff von Arbeit eingeht. Er begnügt sich damit, immer wieder von »analytischer« Arbeit zu sprechen.[8]

Meine Schlußfolgerung ist, daß in der geschilderten Analysesituation auch eine Verwirrung von Herrn Z. durchschimmert. Es ist, als frage er sich – und fände darauf keine Antwort –, ob er so, wie er meint, daß sein Analytiker ihn in der Analyse haben wolle, auch außerhalb der Analyse sein solle oder ob er nur in der Analyse so sein solle, außerhalb aber wiederum anders.

Greenson stützt seine Sicht der Analysesituation auf eine Gegenüberstellung. Wenn er sich die Situation so erklärt, daß sexuelle und aggressive Strebungen bei Herrn Z. verhinderten, sich mit der Haltung seines Analytikers zu identifizieren, dann setzt er nicht nur voraus, daß seine analytische Haltung frei von triebhaften Momenten sein könne, sondern auch, daß Herr Z. sie so wahrzunehmen habe. Letztlich stellt Greenson eine Beziehung von Übertragungsfreiheit in Gegensatz zu einer Übertragungsbeziehung; im Arbeitsbündnis lokalisiert er die Übertragungsfreiheit. Im Sinne von Greenson, wie ich meine, gebraucht Frank (1986, S. 191) das Bild:

> »Es laufen zwei Kanäle nebeneinander, in dem einen ist frisches Wasser, in dem anderen Abwässer, die bereits dem Menschen gedient haben. Nun will der Analytiker natürlich am liebsten mit

8 Auf die von Greenson ungenannt bleibenden Vorstellungen, die sowohl in seinen Begriff von Arbeit als auch in die Bündnisidee eingehen, komme ich im Kapitel 7 zurück.

dem reinen Wasser arbeiten, aber da kommt ihm doch immer wieder der Partner in die Quere und spritzt ihm etwas von dem Abwasser der Übertragung hinein. Immer wieder erfährt das Arbeitsbündnis eine Beeinträchtigung seitens der Übertragung.«

Das Problem, auf das ich aufmerksam machen möchte, liegt in der normativen Setzung von Freiheit, aus der sich zwangsläufig ergibt: »Jede Übertragung ist, weil sie das Hier und Jetzt der analytischen Situation im Sinne des Wiederholungszwanges verändern will, ein Vergewaltigungsversuch« (l. c.). Gerade an der Zwangsläufigkeit, daß die Übertragung nicht mehr als psychischer Mechanismus[9], sondern als vergewaltigende Beziehungsform gesehen wird, erweist sich die normative Setzung. Ich gehe jedoch davon aus, daß die Analyse, selbst wenn sie gelegentlich normative Vorstellungen voraussetzt, dieselben in die Analyse einbezieht und gerade nicht zur Begründung für ein Konzept gelten läßt.

Greenson hätte den Wunsch von Herrn Z., die Analyse sitzend fortzuführen, zum Thema machen können. Ich vermute, er wäre sich dabei in einer Weise rigide vorgekommen, wie er sie gerne bei anderen Analytikern kritisierte. Mit einer besonderen, das heißt extremen psychischen Verfassung ließ sich das Sitzen nicht begründen, aber die Analogie zum phobischen Patienten lieferte eine Begründung. Warum aber handelt Greenson auf der Grundlage dieser Analogie und analysiert sie nicht zunächst für sich selbst? Ich nehme an, daß sein Vorgehen auch hier mit dem Konzept des Arbeitsbündnisses zusammenhängt, in dem er die Voraussetzung der Übertragungsanalyse sieht; er begreift die veränderte Situation als eine, die dem Arbeitsbündnis günstig ist. In dieser Situation macht er Herrn Z. auch den Unterschied von trieb- oder wunschbestimmtem und arbeits- oder analyseorientiertem Verhalten klar.

Auf diese Weise wird zwar viel geklärt, aber eines nicht erfaßt und verstanden: daß zwischen Greenson und Herrn Z. nach wie vor ein *unbewußtes Bündnis* besteht, das durch die veränderte Situation, das nicht gedeutete Gegenübersitzen bestätigt und fortgeführt wird.

Greenson beginnt einen Analyseabschnitt, der aus der wiederaufgenommenen Analyse stammt, mit der Bemerkung (1968, S. 267):

»Während seiner zweiten Analyse erkannten wir später beide,

9 Vgl. Kapitel 3, S. 39.

daß in der psychoanalytischen Situation ein unbewußter, ungelöster Stillstand eingetreten war. Die Tatsache, daß ich der Unterbrechung zugestimmt hatte, spielte bei unseren nachfolgenden Schwierigkeiten eine wichtige Rolle.«

Auch diesem Analyseabschnitt ist nicht zu entnehmen, daß Greenson den ungelösten Stillstand aufgelöst hätte. Um so deutlicher ist wieder das Thema von Unterordnung oder Unterwerfung. Ich schätze die Offenheit Greensons, von »technischen Fehlern« zu sprechen; bei der Analyse von Herrn Z. geht es jedoch um mehr als einen technischen Fehler, der in einer bestimmten Stunde vorkommt. Es geht um die Auswirkungen eines von Greenson unerkannten Widerspruchs, der alle bisher geschilderten Analysesituationen durchzieht.

An der Analyse des »Hut-Traums« z. B. fällt auf, wie Greenson an dem manifest von Herrn Z. geäußerten Ärger haftet. Wie hatte Herr Z. gesagt? »Weshalb, um alles in der Welt, höre ich auf diesen Mann?« Auch wenn die Linie zutrifft, die Greenson verfolgt, indem er die in der Übertragung manifest gewordene Wut von Herrn Z. gleichsam festhält, bleibt ein eher ungutes Gefühl zurück, was die Sätze betrifft, die diese Analysesequenz abschließen.

Meine Annahme, daß dem wiederhergestellten Arbeitsbündnis eine Unterwerfung von Herrn Z. parallel läuft, erhärtet sich, wenn ich Herrn Z.s Äußerungen wiederum daraufhin untersuche, wie er Greensons Vorgehen erleben könnte. Herr Z. will Greenson nicht mehr zuhören; er versteht nicht, was Greenson sagt. In der Tat ist die Art, wie Greenson mit Herrn Z.s »Hut-Traum« umgeht, widersprüchlich. Er formuliert eine Deutung und beendet sie mit der Frage nach weiteren Assoziationen: »›Sie sind wütend auf mich, weil ich meinte, daß Ihre Analyse besser vorangehen würde, wenn Sie keine Schlaftabletten mehr nehmen. [...] Sie probieren einen Hut an, der Ihnen nicht paßt. [...] Was fällt Ihnen dazu ein?‹«

Greenson fordert Einfälle, erhält sie und hat dann das Gefühl, daß »zuviel« Material vorliegt. Aus seiner Frage nach weiteren Einfällen ist zu schließen, daß ihm zunächst »zuwenig« Material vorlag, wenig später wurde es ihm »zuviel«. Und obgleich es ihm zuviel erscheint, verlangt er nach weiteren Einfällen: »Ein Fabrikant von künstlichen Nahrungsmitteln, die in unterentwickelte Länder geschickt werden?« Hier wird der Widerspruch in Greensons Vorgehen vollends deutlich: seinem bewußten Empfinden nach liegt »zuviel« Material vor, dennoch fordert er weiteres Material. Diese Widersprüchlichkeit spitzt sich zu, indem er Herrn Z., der weitere Einfälle mitteilt, unterbricht: »Sie sind wütend auf mich, weil ich Ihnen die künstlichen Schlafmittel wegnehme.« Es ist jedoch nicht seine eigene Widersprüchlichkeit, die Greenson in der nachträglichen Reflexion dieser Stunde als »technischen« Fehler entdeckt, sondern er sieht den Fehler in seinem Ärger darüber, daß die Analysestunde nicht gelungen sei, daß er zuviel gesprochen und die Provokation durch Herrn Z. nicht erkannt habe.

Am Ende meines Kommentars möchte ich festhalten, daß Greensons Vorgehen, dem die Absicht zugrunde liegt, die regressiven Prozesse dem Arbeitscharakter der Analyse gegenüberzustellen, eine Reihe von Widersprüchlichkeiten und Unklarheiten zeigt – ein merkwürdiges Ergebnis spezifischer, auf klärende Arbeit gerichteter Bemühungen. Wie ist diese Gegenläufigkeit zu verstehen? Es fiel auf, daß Greenson lediglich an einer Stelle bestimmte Schwierigkeiten in der Analyse mit seinem Vorgehen verknüpfte, und dort nur allgemein. Eine Wechselwirkung folgender Art scheint zu bestehen: Je mehr Greenson beabsichtigt, den Arbeitscharakter der Analyse zu betonen, um so unklarer und schwerfälliger wird der psychoanalytische Prozeß.

Ich denke nicht, daß sich alle diese Komplikationen rasch und elegant auf dem Konto Gegenübertragung verbuchen lassen. Zum einen ist die Gegenübertragung als spezifische Antwort auf die Übertragung des Patienten ein unbewußter Vorgang; sie erschließt sich meines Erachtens schwer, auch dann, wenn viel von ihr die Rede ist. Zum anderen ist die spezifische Gegenübertragung in ein grundsätzliches Moment gleichsam eingelassen: in die Art, wie der Analytiker über die Analyse denkt. In diesem Sinn sagt Neyraut (1974), daß die Gegenübertragung der Übertragung vorausgehe; er spricht auch vom »äußeren« Feld der Gegenübertragung (dt. 1976, S. 23; Hervorh. im Orig.):

> »Das ›äußere‹ Feld der Gegenübertragung setzt dem analytischen Denken und insbesondere diesem oder jenem Analytiker Grenzen, deren Natur soziologischen oder politischen Disziplinen untersteht. Auf diesem Weg kommen all jene Theorien ins Spiel, die den veralteten, sozialen, normativen, dogmatischen und histori-

schen Charakter abqualifizieren, welcher der aktuellen Situation eines bestimmten Analytikers und der Analyse in diesem oder jenem sozialen Rahmen anhaftet. In der Tat gibt es kein Beispiel dafür, daß ein sozio-kultureller Rahmen nicht die allgemeine Richtung, die Ziele, ja sogar die Konzeption der Analyse verändert hat. *Daß sich die Analyse den impliziten Idealen einer gegebenen Gesellschaft ethisch unterordnet, ist eine greifbare Tatsache*, selbst wenn sich die analytische Theorie auf allgemeingültige Begriffe stützen sollte. [...] Stets liefert die Epoche die Termini des manifesten Textes.«

In der Analyse von Herrn Z. finde ich Bestätigung für meine Annahme, daß sich in Greensons Arbeitsbündniskonzept gesellschaftliche Ideale und Normen in entthematisierter Form niederschlagen; sie finden über das Arbeitsbündnis – dem Trojanischen Pferd vergleichbar – Einlaß in die analytische Situation. Die vermutete Verwirrung von Herrn Z., daß er nämlich keine Antwort darauf findet, wie er in der Analyse oder wie er außerhalb der Analyse sein solle oder wie sein Analytiker will, daß er sein solle, weist deutlich auf eine Gegenläufigkeit und gegenseitige Aufhebung zweier Bewegungen in der Analyse hin: die Analyse der unbewußten Wünsche und Motive von Herrn Z. zum einen und die Forderungen seines Analytikers zum anderen. Ich sehe in der folgenden Äußerung von Herrn Z., die Greenson als Einsicht wertet, eine verfeinerte, d. h. auf die Erwartungen des Analytikers abgestimmte Unterwerfung, mithin eine sich fortsetzende unbewußte Triebbefriedigung in der Übertragung:

»›Ja, ich muß akzeptieren, daß ich alle meine Toilettenphantasien preisgeben muß, wenn ich eine ordentliche Analyse machen will, aber – und das ist ein großes Aber! – ich tue es, um mir selbst zu helfen, nicht um mich zu quälen, noch um Ihnen zu gefallen.‹«

Die These, im Arbeitsbündniskonzept schlage sich konventionelles Denken im Sinne von Normen und moralischen Wertungen in entthematisierter Form nieder, läßt sich auch an dieser Äußerung von Herrn Z. über die Preisgabe seiner Toilettenphantasien erläutern. Greensons Darstellung legt den Eindruck nahe, Herr Z. habe eingesehen, daß er »alle seine Toilettenphantasien« preisgeben müsse, wenn er eine »ordentliche Analyse machen wolle« (im Orig.: *»to do analysis properly«*; 1968, p. 329). Der Zusammenhang von »Preisgabe aller Toilettenphantasien« und »ordentlicher Analyse« erinnert an Ferenczis Begriff der Sphinktermoral (1925, S. 255). Grundlage der Verknüpfung von »Preisgabe der Toilettenphantasien« und »ordentlicher Analyse« ist eine strenge Moral: Wenn Herr Z. seine Toilettenphantasien preisgibt, möchte er nicht nur seinen Analytiker zufrieden stimmen, sondern darüber hinaus selbst das Lob erhalten: »Dies ist eine ordentliche Analyse.« In der Umkehrung bedeutet diese Verknüpfung, daß Herr Z., wenn er seine Phantasien nicht preisgibt, unbewußten Schuldgefühlen und ihren bewußten Abkömmlingen, Strafbedürfnis und Selbstvorwürfen, ausgesetzt bleibt.

Die Forderungen und Erwartungen, die Greenson im Rahmen des Arbeitsbündnisses an Herrn Z. stellt, selbst jedoch nicht in die Analyse einbezieht, passen genau zu einem spezifischen, intrapsychischen Aspekt des neurotischen Konflikts. »Das Über-Ich bleibt durch seine Genese auf das Es bezogen«, schreibt Fenichel (1974, Bd. 1, S. 157). Die Strenge des Über-Ichs hängt nicht nur von der zuvor erlebten Strenge der Erziehungspersonen ab, sondern auch von der Triebstruktur des Kindes. Werden die Erwartungen und Forderungen, die mit dem Arbeitsbündniskonzept verbunden sind, nicht in die Analyse einbezogen, dann stellen sich Entsprechungen oder Gleichungen auf zwei Ebenen her: zum einen zwischen den Forderungen des Analytikers und den Forderungen der frühen Erziehungspersonen, zum anderen zwischen der Strenge dieser Forderungen und der Stärke der verpönten Triebregungen. Diese Entsprechungen bilden die Grundlage für eine spezifische Verkehrung oder Verwirrung in der psychoanalytischen Situation, auf die ich im Kommentar zur Analyse von Frau B. erneut zurückkomme und dort mit G. Fischer (1987, 1989) als *Verkehrung von Sollen und Wollen* beschreibe.

Eine Überlegung, die ich bei der Literaturdiskussion im sechsten und in meinen Schlußfolgerungen im siebten Kapitel wiederaufnehme, soll den Kommentar zu Greensons Analyse von Herrn Z. abschließen. Bezüglich der Frage, was eine »ordentliche Analyse« sei, haben nach meiner Auffassung Patient und Analytiker unterschiedliche Interessen und Perspektiven. Während der Patient das Interesse hat, sich von Einschränkungen zu befreien, die ihm sein Leben leidvoll machen, besteht das Interesse des Analytikers über das therapeutische und wissenschaftliche Moment hinaus auch darin, wie seine Arbeit von der Gemeinschaft der Kollegen aufgenommen und beurteilt wird. Obgleich Herrn Z.s Formulierung von der »ordentlichen Analyse« im Sinne der psychoanalytischen Aufgabe eine Assoziation wie jede andere darstellt, bedeutet sie jedoch für den Analytiker eine Auseinandersetzung damit, wie er seine psychoanalytische Arbeit auffaßt, was nicht zuletzt die Normen und moralischen Werte einschließt, auf die sich sein spezifisches Arbeitskonzept bewußt oder unbewußt gründet.

Kapitel 5
Die Analyse von Frau B.

Ausgewählte Abschnitte erschwerter Zusammenarbeit

Mit diesem Analysebericht verfolge ich das Ziel, Aspekte meines früheren Vorgehens hervorzuheben, die ähnliche Wirkungen hatten wie das am Arbeitsbündniskonzept orientierte Vorgehen Greensons in der Analyse von Herrn Z.[10] Da ich seit längerem dem Konzept des Arbeitsbündnisses mit Skepsis begegnete, habe ich in dieser wie auch in anderen Analysen die Aspekte »Bündnis« und »Arbeit« nicht in der unmittelbaren Weise wie Greenson zur Sprache gebracht; und dennoch, je mehr ich mich mit meinem Vorgehen in der Analyse von Frau B. konfrontierte, desto deutlicher mußte ich Momente entdecken, die sich durchaus dem Konzept des Arbeitsbündnisses zuordnen ließen. Immer wieder hatten sich bei mir Erwartungen an Frau B. eingestellt, wie sie ihre Analyse »machen« sollte.

Die Patientin, eine Frau Mitte dreißig, suchte wegen verschiedenartiger Beschwerden wie funktionellen körperlichen Symptomen, Verstimmungen und bestimmten wiederkehrenden Konfliktsituationen in ihren Beziehungen eine psychoanalytische Behandlung. Schon in den diagnostischen Interviews stand ein Aspekt im Vordergrund, der auch im Analyseverlauf eine entscheidende Rolle

10 Meine Darstellung ist der von Greenson angenähert; sie ist selektiv, insofern ich lediglich Analysesituationen von besonderer Schwierigkeit schildere und ebenfalls mit der Wiedergabe einer einzelnen Stunde, die auch einen Traum enthält, schließe. Um die Anonymität von Frau B. zu sichern, sind selbstverständlich alle im Text vorkommenden Daten von mir verändert oder, soweit sie für die Darstellung entbehrlich waren, weggelassen worden. Durch die Akzentuierung des Analysebeispiels in bezug auf mein Vorgehen wurden auch biographische Einzelheiten unnötig, was ebenfalls der Anonymisierung zugute kam.

spielte: Frau B. stellte sich so dar, als hütete sie ein Geheimnis. Damit ist nicht gemeint, daß sie ständig von Geheimnissen gesprochen hätte, sondern daß die verschiedensten Analysesituationen bei mir immer wieder den Eindruck hinterließen, es bliebe vieles unausgesprochen. Frau B. brachte z. B. weder Phantasien über Erregung und sexuelle Lust noch ihre konkreten sexuellen Handlungen von sich aus zur Sprache. Wenn die Analysesituationen an Intensität zunahmen, traten bei Frau B. vor allem die Affekte Unlust und Ärger in den Vordergrund. Diese Affekte waren dann zumeist auf die Analysesituation und mein Vorgehen bezogen. Das analytische Verfahren schien Ärger und Unlust geradezu auszulösen; auf die inhaltlichen Aspekte meiner Deutungen kam Frau B. in der ersten Zeit der Analyse selten zurück.

In den diagnostischen Interviews erwähnte Frau B. Marie Cardinals Roman einer Analyse, »Schattenmund« (1975). Sie wählte aus der inhaltlichen Vielfalt dieses Buches den Analyseauftakt aus und gestaltete nach Art eines Tagtraums das Detail, daß die dort beschriebene Analyse in einer ruhigen Seitenstraße stattfand, zu der Vorstellung aus, ihre Analyse finde an einem »abgeschlossenen, dunklen Ort« statt, zu dem sie, damit er ihr unbekannt bliebe, »auf Umwegen« hingeführt würde. Bewußt kam sie im Verlauf der Analyse nicht mehr auf diese Vorstellung zurück; allerdings tauchten später in einem Traum manifeste Bilder auf, die dieser Vorstellung entsprachen: sie befand sich in einem unter der Erde gelegenen System von Wegen, Schächten und Aufzügen und mußte viele Umwege zurücklegen.

An diesem letzten Beispiel kann ich beschreiben, was mir für diese Analyse insgesamt charakteristisch erschien. Zunächst hatte mich die Vorstellung von Frau B. über die Analyse, die an einem verborgenen Ort stattfindet, in Spannung versetzt; als sich keine Fortsetzung des Themas einstellte, verwandelte sich meine Spannung in Unzufriedenheit. Wiederholt fühlte ich mich durch kurze Hinweise, gelegentlich durch Traumberichte in die Erwartung versetzt, jetzt beginne die Analyse »richtig«.[11] Frau B. kam jedoch auf

11 Frau B.s Traumberichte hatten lange Zeit eine wiederkehrende, spezifische Form: die jeweilige Traumgeschichte wurde immer wieder von Einschüben kommentierender Art unterbrochen, durch die das Traumerlebnis mit kürzlich Erlebtem (den

diese Hinweise nicht mehr zurück, und wenn ich sie wieder aufgriff, entstand bei mir in Verbindung mit der Distanziertheit von Frau B. das Gefühl, ich liefe ihr nun mit dem Thema, das sie in der Analyse angedeutet hatte, hinterher.

Am Anfang von Analysestunden schwieg Frau B. häufig. Mich versetzte dieses Schweigen in Ungeduld, um so mehr, als ich feststellte, daß es, einem Ritual vergleichbar, jeweils ziemlich genau zehn Minuten andauerte. Wie Frau B. später über ihr Schweigen sagte, war es ihr nicht möglich gewesen, irgendeinen Gedanken, der ihr nach dem Hinlegen durch den Kopf ging, auszusprechen, bevor sie nicht weitere Gedanken abgewartet und auf mögliche Zusammenhänge mit den vorausgegangenen Gedanken überprüft hatte. Sie fand für dieses Abwartenmüssen das Bild, daß sie vor einem Karussell stünde, den Aufsprung jedoch nicht wage oder fände. Begann sie gleich nach dem Hinlegen zu sprechen, dann griff sie bevorzugt eine Äußerung von mir auf, in der sie einen Vorwurf zu erkennen glaubte, und sprach von ihrer Entrüstung, die sich nach der vorausgegangenen Stunde allmählich eingestellt hatte: »Ich ärgere mich, wenn ich mich länger an Ihren Bemerkungen oder Hinweisen aufhalte. Wenn Sie einen Zusammenhang mit der Situation in der Analyse herstellen, werde ich schuldbewußt, als hätten Sie mir gesagt: Was Sie jetzt erzählt haben, steht hier nicht zur Debatte!«

Gelegentlich deutete Frau B. auch an, sie beantworte mit ihrem Schweigen jene Äußerungen meinerseits, die sie als Kritik erlebt hatte. In derartigen Situationen spürte ich, wie sich mein eigener Erlebnisspielraum drastisch verengte: einerseits geriet ich in Gedanken von der Art, daß ich mit Frau B. argumentierte, was ihre Gestaltung der Analysestunde und ihren Umgang mit der Grundregel betraf; andererseits fühlte ich mich, wenn ich darauf verzichtete, meine Gedanken in Interventionen umzusetzen, nicht nur kontrolliert und eingeengt, sondern auch wirkungslos gemacht. Ich gewann den Eindruck, daß Frau B. mich provozierte; da ich es aber nicht vermochte, die von mir angenommene Provokation in

Tagesresten) identisch erschien; ich begann Assoziationen zu erwarten, die den Wunschaspekt des Träumens hätten erhellen können, wurde aber geradezu regelmäßig »enttäuscht«.

einen präzisen Sinnzusammenhang zu stellen, insistierte ich gelegentlich auf der Grundregel oder zeigte allgemein den Widerstand gegen die Analyse auf. Dazu ein Beispiel.

Nach der ersten Sommerferienunterbrechung sagte Frau B., sie habe während der Ferien an Dinge gedacht, die in die Analyse gehörten: »Das geht vielleicht nur, wenn ich nicht hier bin – wenn ich nicht *muß*, dann kann ein Wunsch keimen.« Als Frau B. danach länger schwieg und ich sie auf die Grundregel hinwies, konterte sie: »Wenn Sie mich jetzt mal fragen würden, was mir noch einfällt, dann müßte ich sagen: Ich denke, daß ich absolut *nichts* denke!« Dazu sagte ich: »Das ist ja ein Gedanke oder Einfall von Ihnen. Vielleicht liegen die Dinge so: Ich soll Sie fragen, damit Sie mich enttäuschen können.« Frau B. warf mir vor, ich wollte sie in die Enge treiben, worauf ich meine Deutung fortsetzte: »Sie wollen, daß ich Sie bedränge. In derartigen Situationen fühlen Sie sich wie zu Hause. Wenn etwas Sie bedrängt, dann schaffen Sie sich Situationen, in denen Sie sich von anderen bedrängt fühlen können.«

Ich möchte noch einen Teil meiner Überlegungen hinzufügen, mit deren Hilfe ich dazu gekommen war, das, was in bezug auf die Grundregel wie eine Verweigerung von Einfällen aussah, nicht nur als Einfall selbst gelten zu lassen, sondern auch die aktuelle Übertragungssituation wie geschildert zu deuten.

Eine Zeitlang hatte ich meinen Ärger, was die allem Anschein nach unzulängliche Mitarbeit von Frau B. betraf, mit Erwägungen abgefangen, wie ich die Patientin einer konsequenten Widerstandsanalyse unterziehen könnte. In dieser Situation machte mir eine erneute Durchsicht von Reichs Technik, wie er sie in der »Charakteranalyse« (1933) beschrieb, klar, daß ich die Gereiztheit, die ich empfand, nicht im Sinne einer bestimmten Technik instrumentalisieren sollte. Ich war zwar zu dem Schluß gekommen, daß Frau B. mich provozierte und daß dies vermutlich eine Charakterabwehr darstellte. Da das ständige Hervorheben der Provokation oder auch die entsprechende direkte Frage an Frau B., was sie damit bei mir erreichen wolle, zur Befriedigung meiner Aggressivität auf technischem Wege gedient hätte, hielt ich mich lieber an die andere Verfassung, in die ich mich durch Frau B. gebracht fühlte: das Gefühl der Macht- oder Wirkungslosigkeit. Als ich mir vorstellen konnte, daß die Provokationen von Frau B. mit ihrem Gefühl von Machtlosigkeit in der Analysesituation zusammenhängen könnten, fiel es mir leichter, auch die »Verweigerung« von Frau B. als einen Beitrag zur Analyse zu sehen. Im folgenden Analyseabschnitt möchte ich beschreiben, auf welche Weise sich die anfänglich geschilderte Analysesituation intensivierte.

Weiterhin luden sich einzelne Analysestunden durch Schweigen und Aussortieren von Gedanken mit einer enormen Spannung auf, die ich in den verschiedensten Phantasien abreagierte, deren gemeinsames Moment nun gewalttätige Handlungen gegen Frau B. waren. Ich stellte mir vor, man müßte sie zum Fenster hinaushalten, damit sie ihre Kontrolliertheit verlöre, oder ich malte mir einen Gegenschlag aus, wenn ich mir vorstellte, ihr dann, wenn sie sich endlich entschloß zu sprechen, für den Rest der Stunde das Sprechen zu verbieten. Wenn sie nach solchen Stunden die Tür hinter sich schloß, verspürte ich den Impuls, ihr eines der Kopfkissen hinterherzuwerfen. Später deutete ich, daß sie mich, indem sie immer wieder dem Anschein nach die vereinbarte Grundregel außer Kraft setzte, vom interessierten, aber dennoch distanzierten Zuhörer in jemanden verwandeln wollte, der heftig auf sie reagiere, was sie vermutlich nicht nur als aggressives Handeln *gegen*, sondern auch als leidenschaftliches Engagement *für* sie erlebe.

Zu den Einfällen, die dieser Deutung folgten, gehörte auch die Erinnerung an eine Auseinandersetzung mit ihrem Vater. Als sie sechzehn Jahre alt war, klingelte ein junger Mann, dem sie selbst ihre Adresse gegeben hatte, an der Haustür Sturm; sie bat ihren Vater (die Mutter war nicht zu Hause), ihn wegzuschicken. Der Vater wies diese Bitte zurück und gab ihr schließlich, nachdem sie ihn immer weiter mit dieser Bitte bedrängte, eine Ohrfeige. Nach der Ohrfeige fühlte sie sich gestärkt und schickte den jungen Mann selbst weg! Ich sah in dieser Erinnerung eine Bestätigung für die vorausgegangene Deutung. Vermutlich gingen in diese Szene zwei heftige Gefühle der Jugendlichen ein: sie verwandelte sowohl ihre Angst vor ihren Wünschen an den Vater wie auch ihre Wut über die Zurückweisung durch ihn in die Verführung zu einer Ohrfeige. Nachdem es ihr gelungen war, den Vater dazu zu bringen, daß er sie ohrfeigte, fühlte sie sich von ihrer eigenen Gefühlsverwirrung befreit und schickte den jungen Mann weg. Die Lösung, die in dieser Szene gefunden wurde, hatte für ihre weitere Entwicklung jedoch eher restriktive als fördernde Auswirkungen. Frau B. hatte sich nicht an der psychischen Stärke ihres Vaters orientieren können, sondern mußte selbst die Stärkere sein, eine Position, aus der sie später immer mehr Befriedigung zog.

Bevor ich die zuvor erwähnte Deutung fand, hatte ich aus meinen heftigen Phantasien über die Patientin heraus versucht, an die bislang unausgesprochenen Themen mit »wilden Deutungen« heranzukommen. Frau B. quittierte meine Anspielungen auf unbefriedigte Sexualität oder Verstopfung so: »Ich weiß, daß ich mich so verhalten kann, daß der andere sein Stichwort bekommt. Ist es nicht besser, ein Schweiger als ein Schwätzer zu sein?« Manchmal stellte sie sich während des Schweigens eine Art Blinklampe vor, die ihr das Signal zum Sprechen gab; trotzdem befolgte sie das Signal nicht.

Insgesamt führte dieser Analyseabschnitt dazu, daß ich mein Vorgehen revidierte; es war mir aufgefallen, daß ich immer wieder auf den Widerstand im Zusammenhang mit der Grundregel hinwies, ohne jedoch diesen Widerstand verstanden zu haben. Ich konnte mir jetzt vorstellen, daß ich, indem ich lediglich Druck auf den Widerstand ausübte, jene Rolle des Aggressors übernahm, die Frau B. mir zuspielte. Ihre Provokationen verstand ich nun als Ausdruck einer unterdrückten Gefühlsverwirrung mir gegenüber; es schien ihr unerträglich, mich als jemanden zu erleben, den sie zugleich ablehnte, begehrte und fürchtete. Entsprechend bezog ich mein eigenes Vorgehen, mein Schweigen und die Art meiner Deutungen in die weiteren Deutungen ein, die zum Beispiel lauteten: »Wenn ich schweige, fürchten Sie, daß Sie mich zu sehr bedrängt haben«, oder: »Sie meinen, ich mache Ihnen mit meinen Interpretationen Vorwürfe, weil Sie glauben, daß Sie mich zu sehr angegriffen haben.«

Die Analysesituation entspannte sich deutlich; am Phänomen der Geheimhaltung änderte sich jedoch nichts. Der neurotische Charakter, der Gegenstand und Hindernis der Analyse zugleich war, schien mir jedoch greifbarer, wenn ich ihn mir jetzt als *Negativbild der Hysterie* vorstellte: während ich mich selbst (in den geschilderten eigenen Phantasien) dem expressiven Pol des hysterischen Konflikts (dem Positiv) annäherte, stellte Frau B. in der Analyse den repressiven Konfliktanteil, die »Antihysterie« (oder das Negativ) dar.

Es folgt ein Abschnitt, der sowohl die negative Einstellung von

Frau B. zu Sexualität und Weiblichkeit als auch die damit zusammenhängenden Deutungsschwierigkeiten zeigen soll.

Frau B. sprach nicht von sich aus über Sexualität, Weiblichkeit oder Kinderwunsch. Ich vermute jedoch, daß sie diese Themen im Gewand ihrer Unterleibsbeschwerden einführte. Sie vermochte es auch nicht, mir diese Beschwerden zu beschreiben, sondern sprach verallgemeinernd davon, wie beeinträchtigt sie sich fühlte. Wollte ich Genaueres wissen, dann mußte ich fragen, wodurch jedoch die Analysesituation den Charakter von Exploration und Untersuchung angenommen hätte. Jahre vor Beginn der Analyse hatte Frau B. ähnliche Beschwerden gehabt, für deren Genese eine Eileiter- oder Eierstockentzündung angenommen wurde; eine Bauchspiegelung hatte Frau B. allerdings verweigert. Die Situation, in der ich mich mit Frau B. befand, ließ sich gut mit der jenes Arztes vergleichen, der die Bauchspiegelung vorgeschlagen hatte. Ich hatte mich damit abzufinden, daß Unklarheiten bestehen blieben; Frau B. schien zu bestimmen, wie weit die psychoanalytische »Untersuchung« vordringen dürfe. So blieb es mir überlassen, was ich mir unter den Beschwerden vorzustellen hätte. Ich sah darin überwiegend eine Konversion oder – im Sinne Ferenczis (1919) – eine Materialisation von sexueller Erregung.

Nach einer Ferienreise befürchtete Frau B., sie könnte schwanger sein; wenn dies zuträfe, so sähe sie darin die Strafe für die ersten zwei Wochen ihrer Ferien, die ihr gut gefallen hätten, weil sie jeweils nur das unternahm, was sie wollte. (Ihr Freund war in dieser Zeit *nicht* anwesend.) Einige Tage später sagte sie: »Ich fühle mich bemüßigt mitzuteilen, daß ich nicht schwanger bin, und komme mir blöde vor, daß ich überhaupt davon gesprochen habe.« Wollte ich ihr nicht mit diesem Thema hinterherlaufen, dann mußte ich es hinnehmen, daß sie es nicht mehr aufgriff, bis sie nach der nächsten größeren Ferienunterbrechung wieder befürchtete, schwanger zu sein. Ein Jahr später wurde aus der wiederholten Befürchtung Gewißheit. Der Mann, mit dem Frau B. schon einige Jahre vor Analysebeginn liiert war, verhielt sich indifferent, d. h. er überließ es ihr, ob sie das Kind wollte oder nicht.

An dieser Situation wurde wiederum deutlich, daß eine Art von »Arbeitsteilung« die Analyse beherrschte. Frau B. nahm die Planung des Schwangerschaftsabbruchs in die Hand: Beratung, Indikation, Wahl der Klinik und des Vorgehens. Mir blieb überlassen, die Bedeutung dieser unerwünschten Schwangerschaft und des Abbruchs herauszufinden. Bevor der Abbruch stattfand, kam zur Sprache, daß Frau B. die Verständigung zwischen sich und mir damit gleichsetzte, wie sie die Verständigung zwischen sich und ihrer Mutter (auch heute noch) sah. Auseinandersetzungen mit ihrer Mutter seien stets mit dem Gefühl ihrerseits geendet, sie könne der Mutter nichts von sich erklären; beide hätten sie jeweils an der eigenen Position festhalten müssen, sie weder verlassen dürfen noch können. Ich versuchte Frau B. auf die Intensität aufmerksam zu machen, mit der sie darauf hinarbeitete, daß sich unsere Verständigungsweise derjenigen zwischen ihr und ihrer Mutter anglich. Was sie und mich betreffe, setzte ich hinzu, stelle sie diese Angleichung her, weil sie befürchte, ich wolle in ihr etwas bewirken, was sich mit dem Kinderzeugen durchaus vergleichen ließe. (Ich hatte ähnliches auch zu den vorhergegangenen Schwangerschaftsbefürchtungen gesagt.) Ich fügte hinzu, hinter der genannten Befürchtung, aber auch hinter ihrer Überzeugung, »ungewollt« schwanger geworden zu sein, verberge sich vermutlich der Wunsch, schwanger zu werden. Letzterer dürfe ihr hier und jetzt nicht bewußt werden.

Während Frau B. sich dem Schwangerschaftsabbruch unterzog, begann ich (wie rückblickend besonders klar wird), diesen Abbruch zu bearbeiten. Ich schrieb die Analysesituation nieder und versuchte mir auch mit Hilfe von Literatur ein Bild von all dem zu machen, was mir die Patientin nicht mitzuteilen vermochte. Über den Text, den ich zu dieser Zeit verfaßte, setzte ich eine Formulierung Fenichels: »Actually, pregnancy is a kind of incorporation« (1945, p. 90).[12] Als Ergebnis meiner Beschäftigung mit dem Abbruch entwarf ich zwei Deutungslinien. In der einen stellte ich mir die »ungewollte« Schwangerschaft und ihren Abbruch als diejenige Möglichkeit vor, über die Frau B. zu diesem Zeitpunkt verfügte, um erneut eine Loslösung von ihrer Mutter (als Introjekt) zu versuchen (vgl. Benz 1983). In der anderen übersetzte ich mir das »ungewollte« Moment der Schwangerschaft als unbewußten Übertragungsgedan-

12 Der Sinn, der dahintersteckte, daß ich das Motto aus dem Original zitierte, ging mir erst später auf; ich komme im Kommentar zur Analyse von Frau B. darauf zurück (S. 92).

ken: »Ich will ihn, aber er will mich nicht.« Gemäß der Eigenart des unbewußten Denkens gilt zugleich auch die Umkehrung: »Er will mich, aber ich lehne ihn ab.«

Als Frau B. nach einer Woche wieder zur Analyse kam, waren die ungewollte Schwangerschaft und ihr Abbruch für sie kein Thema mehr. Die Arbeit, die ich in der Zwischenzeit an diesem Thema geleistet hatte, bewirkte, daß ich Frau B. gegenüber in einer entspannten Verfassung war; auch ihre »Verweigerung« diesem Geschehen gegenüber hatte ich schon erwartet und etwas bearbeitet. Ich sagte ihr, daß ich erwartet hätte, sie werde nach dem Abbruch das Thema Schwangerschaftsabbruch nicht weiterverfolgen, fügte jedoch außerdem aus meiner jetzt entspannteren Verfassung heraus in den weiteren Stunden die beiden entworfenen Deutungen hinzu, ohne mich, um es übertrieben auszudrücken, weiter darum zu kümmern, ob Frau B. mir zuhörte oder was sie aus diesen Deutungen machen würde.

Frau B. erwähnte dann unter anderem ein aufschlußreiches Detail. Bislang war sie mir unter einem bestimmten Vornamen bekannt, und ich erfuhr jetzt, daß dieser Vorname Ergebnis einer inoffiziellen, familiären Namensgebung, aber nicht identisch mit dem Vornamen in ihrer Geburtsurkunde war. Frau B. verwendete immer den familiär verliehenen Vornamen, der eine männliche Konnotation hat, sich jedoch durch Austausch eines einzigen Buchstabens in einen eindeutig weiblichen Vornamen verwandeln läßt. Mit diesem Detail konnte ich meine Annahme untermauern, daß Frau B. unbewußt an einer männlichen Position festhielt, weil sie sowohl ihre auf den Vater bezogenen Wünsche als auch ihre Enttäuschung von ihm mit einer unbewußten Identifizierung abgewehrt hatte.

Gemäß dem Vorhaben, nur die schwierigen Abschnitte darzustellen, komme ich zur Endphase der Analyse von Frau B. Als ich begann, mir das Ende dieser Analyse vorzustellen, verlor ich zeitweise meine entspannte Verfassung. Obgleich ich mir darüber im klaren war, daß ich nicht zu einer Terminierung greifen wollte, kam es zu einer angespannten Situation, die damit entstand, daß *ich* das Thema Ende der Analyse einführte. Ich erhielt, wie zu erwarten war, dazu keine Auskunft. Allerdings ließ ich auch meinerseits von dem Thema wieder ab und sagte Frau B. lediglich, sie sei zu einem für sie offenbar entscheidenden Zeitpunkt in die Analyse gekommen und werde vermutlich auch zu einem Zeitpunkt die Analyse beenden, der für sie stimmig sei; offenbar ginge mich dieser Entscheidungsprozeß bislang noch nichts an.

Die Falldarstellung möchte ich mit der detaillierten Wiedergabe einer Stunde abschließen, durch die ich den Eindruck gewann, daß Frau B. ihre Kontrolliertheit deutlich verringerte und damit indirekt begann, sich mit dem Ende der Analyse auseinanderzusetzen.

Gleich nach dem Hinlegen erzählte Frau B., sie sei unmittelbar vor der Analysestunde mit ihrem Fahrrad beinahe auf einen Lastwagen aufgefahren. Ihre Formulierung, sie habe die Bremsen verwechselt, erschien mir zunächst unverständlich. Auf meine Frage, wie das zu verstehen sei, erklärte sie mir, daß sie zwei Fahrräder habe und gelegentlich von einem zum anderen wechsele; sie habe zunächst so reagiert, als führe sie mit dem anderen Fahrrad.

(Die zunächst unverständliche Formulierung ließ mich an die »Bremsungen« denken, die Frau B. zu verschiedensten Zeiten der Analyse vornahm. Was das Moment des Unverständlichen betraf, so hatte ich mit der Redeweise von Frau B. ausreichend Erfahrung; sie sprach oft in verkürzter Form und schien zu unterstellen, ich sei derart nah an ihren Gedanken, daß ich über die Zwischenschritte, durch die ihre Äußerungen erst verständlich waren, verfügte.) [13]

Der »Beinahe-Unfall« erinnerte sie daran, wie sie als Kind bei einer Schlittenabfahrt gerade noch hätte wählen können, ob sie in einem Zaun oder einer Hecke landete. Sie sagte recht heiter, sie sei in der Hecke gelandet und habe entsprechend zerzaust ausgesehen. Dann überraschte sie mich geradezu, als sie den Beinahe-Unfall mit der Analyse verknüpfte. Dazu bemerkte ich, ohne weiter nachzudenken: »Das mache ich doch sonst.«

(Ich war selbst von dem provozierend-neckenden Unterton überrascht, der zu meiner Bemerkung gehörte.)

Auf dem Fahrrad hatte sie über eine Interpretation von mir aus der letzten Stunde nachgedacht, an die sie sich aber nicht mehr vollständig erinnern konnte. Die Deutung aus der letzten Stunde war mir gegenwärtig und schien mit dem Beinahe-Unfall eng verknüpft

13 Gedanken und Empfindungen meinerseits während der Stunde, die ich anschließend noch festhalten und im Verlauf der Stunde lokalisieren konnte, sind in Klammern gesetzt.

zu sein; ich wiederholte sie: »Ich sagte, daß Sie von Ihrer Familie, dem Anschein nach vor allem von Ihrer Mutter, heute noch intensiv gebunden und gleichzeitig ausgeschlossen werden. Vermutlich haben Ihre Eltern nie von der Vorstellung Abschied nehmen können, daß Sie ein ungewolltes Kind waren. Daher werden Sie sozusagen in einem Atemzug gebraucht und nicht gebraucht, geschätzt und entwertet etc.«

Frau B. meinte, daß sie in meiner Formulierung eine Erklärung dafür gefunden hätte, weshalb sie sich fast ausschließlich verteidigend verhielte. Ich setzte an dieser Stelle hinzu, wie sehr ihr die Analysesituation ihrer früheren familiären Situation ähnlich vorkommen müsse:

»Vermutlich mußten Sie meine früheren, unterschiedlichen Versuche, Sie auf die Bearbeitung der ausgelassenen Themen festzulegen, so erleben, als wollte ich Sie intensiv an mich binden. Zugleich mögen Sie sich aber auch ausgeschlossen gefühlt haben, weil Sie wohl annahmen, meine Interessen hätten weniger mit Ihnen als vielmehr damit zu tun, daß *ich* diese Auskünfte haben wolle; es erscheint mir plausibel, daß Sie sich auch bei mir unerwünscht fühlen.«

Nach dieser Deutung stellte Frau B. zunächst fest, in der Analyse wäre die Situation nicht so kraß, wie es früher zu Hause gewesen sei. Dann erzählte sie:

»Was mir die ganze Zeit durch den Kopf geht, ein paarmal schon, und öfters auch in den Ferien – ich habe was ganz Komisches geträumt. Ich weiß nur Bruchstücke, und ich wurde auch mit dem Gefühl wach, am liebsten nicht mehr weiterzuschlafen, um nicht weiterzuträumen. Es ging um ein Geschenk. Ich hatte einen Vogel geschenkt bekommen, einen ganz kleinen Vogel in einem Karton. Es war meine Vermutung, daß dies ein Geschenk ist, zugleich aber wußte ich, daß ich es weiterverschenken sollte.«

(Warum weiß sie, was in dem Karton ist? Und wenn sie es weiß, dann könnte es auch etwas anderes sein, zum Beispiel ein Baby.)

»Irgendwie habe ich den Karton vergessen, bis er mir siedendheiß wieder einfiel. Der Vogel müßte schon tot sein, dachte ich. Aber ich mochte nicht reingucken. Zwei-, dreimal bin ich aus dem Träumen fast aufgewacht. Dann habe ich im Traum doch in den Karton geguckt. Der Vogel saß drin, und wider alle Natur hat das Ding noch gelebt. Ich machte den Karton wieder zu und legte ihn zur Seite. Die Vorstellung, ihn weiterzuverschenken, war mir körperlich unangenehm, weil ich dachte: der ist so vermickert.«

(Es kann ein Baby sein, das sie geschenkt bekommt, aber nicht haben will – z. B. unser Baby. Der Vogel kann aber auch sie selbst darstellen, weil mich das Wort »vermickert« an die vergeblichen Bemühungen der Mutter erinnert, die Tochter, als sie klein war, »dikker« zu machen.)

»Außerdem habe ich im Traum befürchtet, der Vogel sei im Dunkeln blind geworden. Ich habe wieder den Karton aufgemacht und erwartet, daß der Vogel halb kaputt ist, konnte es aber nicht über mich bringen, ihn herauszunehmen. Dann nahm ich an, es seien wohl doch Luftlöcher in dem Kasten gewesen.«

(Ich dachte an die Analysesituation: Frau B. ist in der Analyse, aber sie muß sich vor mir so zeigen, als könne sie nicht in sich hineinschauen. Außerdem kann mit dem Kasten die Analyse gemeint sein; die Analyse findet sozusagen im Dunkeln statt. Das deckt sich mit meiner Vorstellung, daß Frau B. aus der Analyse für sich etwas entnimmt, ohne es zur Sprache zu bringen; entsprechendes hatte ich ihr schon gesagt.)

»Als ich wach wurde, war ich entsetzt, weil es überhaupt nicht meine Art ist, mit Tieren so umzugehen. Ich habe früher alle möglichen Tiere großgepäppelt.«

(Warum muß sie den Eindruck entstehen lassen, daß sie die Analyse nicht päppelt oder sich von der Analyse nicht päppeln läßt?)

»Das Ganze war mir sehr unangenehm. Warum weiterverschenken?«

Meine Deutung: »Der Ablauf im Traum entspricht dem, was mit Ihnen in der Stunde vor sich ging. Nachdem Sie in den vergangenen Wochen schon mehrmals an den Traum gedacht hatten, tauchte er jetzt in der Stunde zwei-, dreimal auf. Sie haben ihn mir schließlich erzählt, nachdem ich Ihnen sagte, Sie würden sich von mir unerwünscht fühlen.« Danach schwieg Frau B. einige Minuten. Ich entschloß mich, dieses Schweigen durch eine weitere Deutung zu unterbrechen:

»Sie machen jetzt mit Ihrem Schweigen etwas, was nach meiner Auffassung dem Wiederverschließen oder Wegschieben des Kartons entspricht.«

Frau B. meinte, sie sei mit einem bestimmten Gefühl beschäftigt. Das Ganze sei ihr unangenehm; sie finde sich, weil sie so etwas träume oder mache, als Traumfigur widerwärtig. Sie hätte sich wie zwanghaft vergewissern müssen, ob der Vogel noch lebe, aber gleichzeitig und ebenso zwanghaft nichts für ihn tun können. Obgleich sie gedacht habe, daß er durch die lange Dunkelheit womöglich erblinden könnte, habe sie so weitermachen müssen. Sie habe ihn aber auch nicht weggeben können. Jetzt falle ihr noch ein, sie habe ihn wegen der Vorstellung nicht weggeben können, daß die anderen ihn vielleicht ruckartig aus dem Karton nähmen.

Ich deutete: »Das ähnelt dem Gang der Analyse. Einerseits sieht es so aus, als würde immer wieder etwas aufgeschoben und als dürfe nichts Ruckartiges passieren, aber dann spitzt sich die Situation doch so zu, daß es beinahe zwischen Ihnen und mir kracht. Ich denke dabei auch an den Beinahe-Unfall vor der Stunde.« Es klingt lakonisch, was Frau B. antwortete: »Ja, Klappe auf, Klappe zu.« Als Frau B. eine Weile schwieg, führte ich meine Deutung fort:

»Heute sind Sie in der Ausgestaltung Ihres Konflikts allerdings weit gegangen. Damit meine ich, daß Sie ihn intensiv ausgestaltet und in die Analyse hereingetragen haben. Es gibt eine Querverbindung zu einer der letzten Stunden, in der Sie Ihren Konflikt mehr außerhalb der Analyse wahrgenommen haben, als Sie sich nämlich im Zusammenhang mit einem bestimmten Familientreffen als ›bunten Vogel‹ bezeichneten.«

(Diese Interpretation war von meiner Vorstellung bestimmt, daß ich nicht nur den Traum selbst, sondern die Deutlichkeit, mit der er sich auf die Analyse bezog, als Fortschritt von Frau B. empfand.)

Frau B. schien meine Gedanken an einen Fortschritt zu erraten und gleich ein Stück zurückzunehmen: »Na ja, ich glaube, das einzige, wozu ich mich noch habe durchringen können, war, daß ich ihm irgendwann einmal Wasser gegeben habe.«

(Diese Analyse ist ja auch eine Durststrecke, dachte ich.) Dann sagte ich, daß die Zeit um sei.

Die vorausgegangenen Analyseabschnitte sollten zeigen, wie ich, geleitet von einem allgemein anerkannten technischen Vorgehen, der Orientierung an der Grundregel, in eine erwartungsvolle und fordernde Haltung geraten war. Vermutlich wären »Verfahrensfragen« ohnehin zu einem zentralen Thema dieser Analyse geworden. Darüber hinaus hatte ich jedoch in meinem technischen Vorgehen zeitweise die Rolle des Aggressors übernommen, die mir von Frau B. zugespielt worden war. So entstand immer wieder eine spezifische Kongruenz zwischen den Verfahrensfragen auf seiten der Patientin und meinem technischen Vorgehen.

Die Orientierung an den Widerstandsphänomenen wird niemand als ungeeignetes Vorgehen charakterisieren wollen; sie steht im Einklang mit der Auffassung, daß sich in der Analyse die unbewußte Übertragung von der Widerstandsseite zeigt. Die Übertragungswiderstände waren bei Frau B. stark und ausgedehnt. Indem ich immer mehr mit der Vorstellung befaßt war, daß Frau B. mir viele ihrer Einfälle vorenthielte, geriet ich in ein Insistieren auf der Grundregel. Ich sah zwar deutlich die ritualisierten Momente in Frau B.s Erleben und Handeln, brauchte jedoch einige Zeit, bis ich bemerkte, daß auch mein Vorgehen gleichförmig geworden war.

In dieser Situation lag die Vorstellung nahe, Frau B. habe in der Analyse nicht »arbeiten«, kein »effektives Arbeitsbündnis« herstellen können. Jedoch ging die allmähliche Lockerung der Widerstände von Frau B., wie dargestellt, nicht auf Appelle an ihre Mitarbeit zurück, sondern auf eine spezifische Form von Übertragungsdeutungen.

So antwortete ich auf Frau B.s Vorstellung, sie würde mir bei meiner nächsten Frage nach ihren Einfällen sagen, daß sie »absolut nichts« denke: »Das ist ja ein Gedanke oder Einfall von Ihnen. Vielleicht liegen die Dinge so: Ich soll Sie fragen, damit Sie mich enttäuschen können.« Ich bezog mein eigenes Vorgehen, mein Schweigen und die Art meiner Deutungen in die weiteren Deutungen ein, die z. B. lauteten: »Wenn ich schweige, fürchten Sie, daß Sie mich zu sehr bedrängt haben«, oder: »Sie meinen, ich mache Ihnen mit meinen Interpretationen Vorwürfe, weil Sie glauben, daß Sie mich zu sehr angegriffen haben.«

Das Spezifische an diesen herausgegriffenen Übertragungsdeutungen ist der zunehmende Bezug darauf, wie Frau B. mein faktisches Vorgehen erlebt haben mochte. Dabei wird die Deutung nicht allein als Instrument zum Bewußtmachen bislang unbewußter Vorstellungen eingesetzt, sondern sie wird selbst auch als Ansatzpunkt für die spezifische Ausformung der Übertragung gesehen. Der Akzent liegt nicht auf der Frage, inwieweit Frau B. mitarbeitet oder nicht, sondern darauf, wie sie *meine* Arbeitsweise erlebt und verarbeitet. Diese Akzentverschiebung läßt sich auch so formulieren: Die weithin anerkannte, auf Balint zurückgehende Fragestellung, was die Patientin mit mir macht, wird um die Frage ergänzt, wie sie das, was ich mit ihr mache, erlebt.[14] Oder: *Das konkrete Vorgehen des Analytikers spielt für die spezifische Gestaltung der Übertragung eine Rolle, die sich mit der Bedeutung der Tagesreste für die Traumbildung vergleichen läßt.*

Der hier geschilderte und kommentierte Analyseabschnitt, in dem Analytiker und Patientin sich gegenseitig mit ähnlichen Mitteln (rituellem Vorgehen) »behandeln«, läßt sich auch als »gemeinsames Agieren« bezeichnen. Leider wird der Terminus Agieren überwiegend für konkrete Handlungen verwendet, die den analytischen Rahmen zu sprengen drohen, wodurch leicht vergessen wird, daß Freud die Übertragung selbst als Agieren auffaßte. Er gab folgende Beispiele für die Übertragung als Agieren *in* der Analysestunde (1914g, S. 129f.):

»Der Analysierte erzählt nicht, er erinnere sich, daß er trotzig und ungläubig gegen die Autorität der Eltern gewesen sei, sondern er benimmt sich in solcher Weise gegen den Arzt. [...] Er erinnert nicht, daß er sich gewisser Sexualbetätigungen intensiv geschämt

14 Siehe zu dieser Art des Vorgehens Gill (1982, 1984) sowie Gill und Hoffman (1982a,b). Gill schreibt in diesem Sinn zur Übertragung (1984, S. 178):
»Nach meiner Auffassung entstammen die Determinanten der Übertragung zwei Bereichen, die sich allenfalls konzeptuell trennen lassen, was leicht zu Mißverständnissen führt: auf der einen Seite interpersonelle Muster von Erwartung und Verhalten, mit denen der Patient die Behandlung beginnt, auf der anderen Seite die aktuelle Behandlungssituation, die das Setting und die Interventionen des Analytikers einschließt. Was die aktuelle Situation betrifft, so muß man voneinander unterscheiden, wie sie von einem äußeren Beobachter beschrieben und wie sie von einem Patienten erlebt wird. Die Übertragung ist gleichermaßen der Ausdruck wirksamer, schon bestehender Muster und des situativen Erlebens; somit bildet die Übertragung eine untrennbare Einheit.«

und ihre Entdeckung gefürchtet hat, sondern er zeigt, daß er sich der Behandlung schämt, der er sich jetzt unterzogen hat [...]. Je größer der Widerstand ist, desto ausgiebiger wird das Erinnern durch das Agieren (Wiederholen) ersetzt sein.«

Klüwer schlägt vor, statt des gemeinsamen Agierens von einem »Handlungsdialog« zu sprechen (1983, S. 143):

»Diese Formulierung [vom Handlungsdialog] will ausdrücken, daß die aktuelle Übertragungssituation von wechselseitiger Behandlung bestimmt ist, die nur dadurch behoben werden kann, daß der Analytiker sich dessen bewußt wird, daß er auf das Drängen des Patienten unbewußt handelnd eingegangen ist und seine verbalen Interventionen nicht mehr den dringlichen Punkt des Geschehens erreichen können. Wir nennen es ›Dialog‹, weil in diesem unbewußt handelnden Aufeinanderbezogensein der Analytiker eine ›komplementäre‹ oder ›konkordante‹ (Racker 1978) Entsprechung übernommen hat. [...] Der Verbaldialog [...] tendiert bei zunehmender Übertragungsaktualisierung dazu, in einen Handlungsdialog überzugleiten, und muß, analog der Gegenübertragung, in die selbstanalytische Reflexion einbezogen werden.«

Mein technisches Vorgehen, das sich den »ritualisierenden« Tendenzen von Frau B. annäherte, ohne daß ich es bemerkte, war auch insofern »konventionell« im Sinne der Ausführungen im dritten Kapitel, als ich unbemerkt von Frau B. erwartete und forderte, was sie in der Analyse tun solle. Diese Erwartungen und Forderungen drehten sich um eine Vorstellung von »richtiger« Analyse, der sich Frau B. verweigerte. Das »gemeinsame Agieren« hat zwei Aspekte: erstens den eines unbewußten Zusammenspiels, zweitens den einer Einschränkung der Methode auf *eine* bestimmte Technik, die man selbst für die richtige hält. Der zweite Aspekt kann in Anlehnung an Peterfreund (1983) auch als Wechsel von heuristischem zu stereotypem Vorgehen bezeichnet werden. Um einem möglichen Mißverständnis vorzubeugen, möchte ich betonen, daß ich keinesfalls daran denke, die Sachautorität des Analytikers in Frage zu stellen. Mich interessiert der Übergang von dieser Sachautorität in eine unreflektierte Position der Definitionsmacht, wie sie z. B. im Adjektiv »richtig« aufscheint. Ich erinnere auch an Herrn Z., der sich meines Erachtens der Definitionsmacht Greensons, freilich auch aus eigenen unbewußten Motiven heraus, unterwarf und von »ordentlicher« Analyse sprach.

Der Analyseabschnitt, der den zitierten Übertragungsdeutungen folgte, läßt eine Auflösung des Handlungsdialogs erkennen; bislang nur zu ahnende Phantasien, die das unbewußte Zusammenspiel bestimmten, manifestierten sich bei mir als gewalttätige Vorstellungen und bei Frau B., nach entsprechender Deutung der Übertragung, als Erinnerung an die Ohrfeige des Vaters. Gemeint ist die Deutung, daß Frau B. mich vom interessierten, aber dennoch distanzierten Zuhörer in jemand verwandeln wolle, der heftig auf sie reagiere, worin sie nicht nur eine aggressive Handlung, sondern auch ein leidenschaftliches Engagement spüre.

Im Zusammenhang mit dem Schwangerschaftsabbruch habe ich auf eine »Arbeitsteilung« zwischen Frau B. und mir hingewiesen, um zu beschreiben, daß die psychischen Prozesse von Frau B. und meine eigenen *innerhalb* der konkreten Analysesituation nicht zur Deckung kamen, sondern getrennt verliefen. Auch das Phänomen getrennt verlaufender psychischer Prozesse enthält eine Aussage: Frau B. und ich durften in dieser zugespitzten Analysesituation – jetzt noch mehr als schon zuvor – manifest »nichts« miteinander zu tun haben. Es liegt nahe, daß wir latent sehr viel miteinander zu tun hatten, was zu diesem Zeitpunkt sprachlich, im Sinne von Selbstreflexion, noch nicht zu vermitteln war.

In einer späteren Diskussion dieses Analyseabschnitts mit Kollegen wurde gesagt, Frau B. hätte »mich für sich arbeiten lassen«. Das klang so, als dürfe (in einer »richtigen« Analyse?) ein Analytiker nicht für einen Patienten arbeiten. Natürlich ist mir klar, was gemeint ist: eine Verletzung der Abstinenzregel, eine Arbeit also, die dem Patienten eine Befriedigung verschafft und unanalysiert bleibt. Ich bin jedoch nicht der Meinung, daß in meinem Beispiel eine Verletzung der Abstinenzregel vorliegt, da ich Frau B. weder eine konkrete Entscheidung abgenommen hatte noch an ihrer Stelle mit Formulierungen oder Einfällen einsprang. Was ich tat, indem ich meine Gedanken in dem erwähnten Text mit dem Motto *»Pregnancy is a kind of incorporation«* niederschrieb, bezeichne ich als Arbeit mit mir selbst. Selbstverständlich enthält diese Arbeit Momente der Gegenübertragung, das kann nicht anders sein. Ich meine aber, daß diese Arbeit mehr als ein »Agieren der Gegenübertragung« war, nicht nur, weil sie die unbewußte Gegenübertragung teilweise bewußtmachte, sondern weil ich durch diese Arbeit Frau B. gegenüber in eine entspanntere Verfassung kam.

Es ist abzuwägen, was für einen psychoanalytischen Prozeß förderndér ist: wenn ein Analytiker sich wieder in eine entspanntere Verfassung bringen kann oder wenn er unter Berufung auf die Abstinenzregel ein Stück Arbeit von sich weist. Im zweiten Falle kommt man zwangsläufig in eine fordernde Haltung. »Das ist nicht meine, sondern Ihre Arbeit«, oder gar: »Selber arbeiten macht stark« können entsprechende Interventionen lauten. Im ersten Fall – ein Vorgehen, das ich vorziehe – wird der psychoanalytische Prozeß durch eine Art »innere Vorleistung« des Analytikers gefördert, von der die Patienten zunächst nur wahrnehmen, daß ihr Analytiker ihnen gegenüber in einer entspannten Verfassung ist. Wäre ich davon ausgegangen, Frau B. hätte zu diesem Zeitpunkt die psychische Verarbeitung des Schwangerschafts-»Komplexes« selbst und in vollem Umfang leisten sollen, dann hätte ich nicht nur mein bisheriges Wissen über Frau B., sondern auch das, was bis dahin von ihr und mir gemeinsam hergestellt worden war, beiseiteschieben, negieren müssen. In dieser Negation oder Verweigerung hätte sich das unbewußte Zusammenspiel jedoch vertieft und verfestigt.

Als ich bei der Niederschrift der Analyse von Frau B. für die vorliegende Untersuchung den erwähnten Text einarbeitete, den ich zu der Zeit schrieb, als Frau Frau B.s Schwangerschaft unterbrochen wurde, entstand eine Fehlleistung: *»Pregnancy is a kind of incoOPEration.«* An dieser Fehlleistung konnte ich verstehen, warum ich weiterhin die Originalformulierung Fenichels verwendete. Die Vorsilbe »in« ist doppeldeutig, genauer: gegensinnig[15]; sie verweist sowohl auf Vorgänge, die nach »innen« gehen, wie auf das Gegenteil (im Sinne der Vorsilbe »un«, von Nicht-Innen etc.). In der Fehlleistung meldete sich erneut meine Gegenübertragung in Form der alten Vorwurfshaltung, Frau B. arbeite nicht mit.

Sicherlich wurde meine fordernde Haltung, in der sich ein Vorwurf verbarg, von Frau B. »induziert«. Bleibt jedoch sowohl die

15 Vgl. Freuds Beispiele in der Arbeit »Über den Gegensinn der Urworte« (1910e) oder seinen Hinweis auf den Doppelsinn des Unheimlichen als Erschreckendes und Vertrautes zugleich (1919h).

fordernde als auch die vorwurfsvolle Haltung des Analytikers unbemerkt und kommt sie als Technik zum Zuge, dann ist ein Handlungsdialog etabliert, der sich möglicherweise als »interpersonelles Arrangement« (Mentzos 1976) verfestigt. Ziehe ich jetzt noch die Überlegungen aus dem Abschnitt über Konvention und Übertragung hinzu, dann ergibt sich das Motiv für starres Festhalten an der Abstinenzregel (vgl. Cremerius 1984, der regelhaften und operationalen Gebrauch des Abstinenzkonzepts unterscheidet): das konventionelle Entsetzen. In der Analyse von Frau B. bezog sich das konventionelle Entsetzen durchgehend darauf, daß sich durch »Inkooperation« das Gegenteil, eine intensive »Inkorporation« ausdrückte. Der Abschnitt mit dem Schwangerschaftsabbruch stellte die Zuspitzung dieser gegenläufigen psychischen Prozesse dar. Anhand der Endphase dieser Analyse und der ausführlich wiedergegebenen Stunde möchte ich meine Sichtweise vertiefen.

Als ich begann, mir das Ende dieser Analyse vorzustellen, verlor ich zeitweise meine entspannte Verfassung. Obgleich ich mir darüber im klaren war, daß ich nicht zu einer Terminierung greifen wollte, kam es, wie erwähnt, zu einer angespannten Situation, die damit begann, daß *ich* das Thema Analyseende einführte. Frau B. teilte mir, wie zu erwarten war, zunächst keine Gedanken zum Analyseende mit; sie verhielt sich so, als hätte ich die Frage nicht gestellt. Zweifellos war es Frau B. hier gelungen, daß ich das Thema Analyseende einführte, mit dem vermutlich auch sie befaßt war. Wie sie über das Analyseende dachte, stellte sich jedoch erst später heraus: sie konnte sich zwar vorstellen, wie sie immer weiter und in der gleichen Weise in Analyse bliebe, aber sie konnte sich nicht vorstellen, wie sie aus dieser geradezu zeitlos anmutenden Situation herauskäme. Ich hatte versucht, meine entspannte Verfassung auch darüber wiederherzustellen, daß ich mir klarmachte, Frau B. werde die Analyse vermutlich zu einem Zeitpunkt beenden, der für sie stimmig sei – so wie sie die Analyse vermutlich auch zu einem für sie passenden Zeitpunkt begonnen hatte –, und daß mich dieser Entscheidungsprozeß bislang offenbar noch nichts anginge.

In der ausführlich beschriebenen Analysestunde verknüpfte ich die Formulierung, daß Frau B., weil sie ein ungewolltes Kind war, sich sozusagen in einem Atemzug gebraucht und nicht gebraucht, geschätzt und entwertet gefühlt habe, mit der Analysesituation:

»Vermutlich mußten Sie meine früheren, unterschiedlichen Versuche, Sie auf die Bearbeitung der ausgelassenen Themen festzulegen, wie einen intensiven Bindungsversuch erleben, sich zugleich aber auch ausgeschlossen fühlen, weil Sie vielleicht annehmen, mein Ziel hätte weniger mit Ihnen als vielmehr damit zu tun, daß *ich* diese Auskünfte haben will; es erscheint mir plausibel, daß Sie sich auch bei mir unerwünscht fühlen.«

Die in der Deutung beschriebene Erlebnisweise stimmt mit den Phänomenen überein, die G. Fischer (1987) zutreffend als »paradoxe Verkehrung von Es- und Über-Ich-Tendenzen, von Wollen und Sollen, von Wunsch und Pflicht« beschrieben und als »zentralen Beitrag der Doppelbindungshypothese zur klinischen Theorie der Psychoanalyse« bezeichnet hat. Die paradoxe Verkehrung von Wollen und Sollen ist auch über die klinische Perspektive hinaus für die Reflexion des technischen Vorgehens von Nutzen. Ein Vorgehen, in dem z. B. das Arbeitsbündniskonzept die Legitimation dafür bildet, Erwartungen an Patienten zu formulieren, die mit den Konventionen eines erzieherischen Diskurses zusammenfallen, stellt in sich schon eine paradoxe Verkehrung dar und kann vorhandene Verkehrungen von Wollen und Sollen auf seiten der Patienten verfestigen. Es fällt nicht schwer, in der geschilderten Analyse von Frau B. mehrere Beispiele für die zu ihrer Neurose gehörende paradoxe Verkehrung von Es- und Über-Ich-Tendenzen zu finden.

Am Beispiel des Traumes vom notleidenden Vogel komme ich auf die Übertragung in der dargestellten Stunde zurück. Im Sinne der Überdeterminierung kann der eingesperrte Vogel die Patientin selbst und ein Wiedererleben des Schwangerschaftsabbruchs darstellen. Was letzteren betrifft, so wird hier, vermutlich als ein Ergebnis des psychoanalytischen Prozesses, bildhaft ausgedrückt, was sich im Bauch befinden könnte, und zugleich wird auch die schon erwähnte Psychodynamik des ungewollten Kindes, die intensive Bindung bei gleichzeitigem Ausschluß, verbildlicht. Aus den unterschiedlichen Aspekten dieser Stunde und des Traumberichts machte ich die spezifische psychische Bewegung der Patientin zum Gegenstand meiner Deutungen, die ich hier zusammenfüge:

»Der Ablauf im Traum entspricht dem, was mit Ihnen in der Stunde vor sich ging. Nachdem Sie in den vergangenen Wochen schon mehrmals an den Traum gedacht hatten, tauchte er in der heutigen Stunde zwei-, dreimal auf. Sie haben ihn mir schließlich erzählt, nachdem ich Ihnen sagte, Sie würden sich von mir in der Analyse unerwünscht fühlen. Auch die Vorstellung, der Vogel werde ruckartig aus dem Karton genommen, ähnelt der Analyse. Einerseits sieht es so aus, als würde immer etwas aufgeschoben und als dürfe nichts Ruckartiges passieren, aber dann spitzt sich die Situation doch so zu, daß es zwischen Ihnen und mir beinahe kracht: dabei denke ich an den Beinahe-Unfall vor der Stunde.«

Der mit neueren Texten zur Traumdeutung vertraute Leser wird leicht erkennen, daß ihr Morgenthalers Konzept der Traumtendenz zugrunde liegt (Morgenthaler 1986). Nach dieser Auffassung erscheint die unbewußte Absicht, einem anderen etwas vom eigenen Seelenleben vorzuführen, im Traum als Handlung. Aus dieser Überlegung schließt Morgenthaler, ein bestimmtes Element des manifesten Trauminhalts lasse sich mit den Träumen selbst gleichsetzen (o. c., S. 50f.; Hervorh. im Orig.):

> »Wie steht es nun aber mit der Beziehung der Träumerin zu ihrem Traum? Das Träumen ist die ›Tat‹, von der Freud spricht, die an die Stelle des Erinnerns tritt. [...] Ich komme also zum Schluß, daß der Traum selbst und ganz besonders die Traum*erzählung* sowie der Umgang mit dem Traum ganz allgemein nicht eine Form des Erinnerns von Vergessenem und Verdrängtem ist, sondern das, was er an Vergessenem und Verdrängtem enthält, agiert durch die Tat des Träumens und des Traumerzählens.«

In meinem Beispiel läßt sich der Zusammenhang von Traum und Übertragung so formulieren: zwischen dem Wiedererinnern und Wiedervergessen des Traumes und dem Wiederöffnen und Wiederschließen des Kartons, in dem der Vogel ist, besteht eine formale Entsprechung, die im gesamten Verlauf der Analyse als Aufschub und Zuspitzung, aber auch in Frau B.s Antwort: »Ja, Klappe auf, Klappe zu« wiederkehrt. Ich ziehe Deutungen dieser Art vor, weil die Orientierung der Deutung an der Tendenz, sei es als Tendenz im Traum, sei es als Übertragungstendenz, verhindern kann, daß ein unbemerkt widersprüchlicher, technischer Umgang mit dem Traum stattfindet, wie ich ihn im Kommentar zu Greensons Fallbeispiel herausgearbeitet habe.

Zum Abschluß dieses Kommentars fasse ich zusammen, daß eine Auffassung vom Arbeitsbündnis, die sich in Erwartungen und faktischen Anforderungen an die Patienten niederschlägt, einen Bereich im psychoanalytischen Prozeß etabliert, der sich, einem *Fremdkörper* vergleichbar, abkapselt und die Analyse in Teilbereichen oder ganz zum Stillstand bringen kann. Bei meinem Analysebeispiel bin ich knapp der Gefahr entkommen, daß meine Erwartungen an Frau B., die sich längere Zeit nur an der Frage ausrichteten, was Frau B. mit mir macht, aber nicht an der Frage, wie sie das, was ich mit ihr mache, erlebt, die Analyse hätten zum Stillstand bringen können.

Worin hätte der Analysestillstand psychodynamisch bestanden? Ich sehe in der Integration der Analität in die verschiedensten Erlebnisbereiche ein entscheidendes Problem der Analyse von Frau B. Die Integration der Analität ist das latente Thema zum manifesten Thema von Geheimnis und Rätsel. Wenn Frau B. so erschien, als hütete sie ein Geheimnis, so hatte das zwei Aspekte: zum einen *Inhalte*, die unbekannt blieben, zum anderen, daß auch der *Ort*, an dem das Geheimzuhaltende aufbewahrt wird, mir unbekannt bleiben sollte. Der Analyseverlauf weist durch Ausschluß oder Negation auf diesen Ort hin: *die psychische Repräsentanz des weiblichen Genitales* bei Frau B.

Man kann im Rätsel ein anales Phänomen sehen, da es immer auch eine Art von Falle darstellt. Durch das Rätsel wird einer vor Schwierigkeiten oder Hindernisse gestellt, während derjenige, der das Rätsel aufgibt, Herr der Situation ist.[16] Mit dem Traum vom Vogel im Kasten scheint ein Schritt zur Integration der Analität erreicht. Frau B. symbolisiert in einem wunschbestimmten Geschehen (dem Traum) das Problem von Form und Inhalt[17] und wendet sich auf einer phallisch-ödipalen Ebene (dem Beinahe-Unfall) an mich. Damit versucht sie, die frühere Dynamik von Inkorporation und Expulsion zu überwinden. (Zur Dynamik des Schwangerschaftsabbruchs und seiner späteren Symbolisierung siehe auch V. King 1992 über die konflikthafte psychische Aneignung der Innergenitalität in der Adoleszenz.)

Beständige, durch die Idee vom Arbeitsbündnis legitimierte Hinweise, sie arbeite »nicht richtig« oder das, was sie erzählt habe, sei

16 Vgl. Grunberger (1967), S. 315.
17 Vgl. Chasseguet-Smirgel (1964), S. 149.

»keine richtige Arbeit«, hätten die allmähliche Integration der Analität durchkreuzt. Der technisch-fordernde Umgang hätte in seiner eigenen Widersprüchlichkeit die Dynamik von Einverleibung und Ausstoßung perpetuiert, womit das technische Vorgehen selbst zu einer Kompromißbildung, oder schärfer gesagt, zu einem *Symptom der Analyse* geworden wäre. Zum einen wäre Frau B. das technisch-erzieherische Vorgehen äußerlich geblieben, zum anderen hätte sie es in dieser Form inkorporiert und wieder ausgestoßen.

Ich nehme an, daß sich die beschriebene »Abkapselung« der neurotischen Psychodynamik nicht selten in Analysen finden läßt und daß man sie nicht nur auf die Psychodynamik der Patienten selbst zurückführen, sondern auch in Beziehung zum spezifischen technischen Vorgehen des Analytikers setzen sollte. Dies hatte Greenson bereits im Ansatz versucht, jedoch meines Erachtens nicht konsequent fortführen können, da er die ich-psychologischen Grundannahmen und ihre Konsequenzen für die psychoanalytische Methode nicht in Frage stellte. Darauf werde ich im siebten Kapitel zurückkommen.

Teil III

Diskussion der Literatur und Zusammenfassung der Kritik

Kapitel 6
Literatur zum Arbeitsbündniskonzept

Was macht der Analytiker mit seinem in der Analyse entstehenden Bedürfnis nach Zusammenarbeit?

Die spezifischen Verknüpfungen, die Greenson zwischen der Arbeits- und der Bündnisperspektive psychoanalytischer Therapie herstellte, fanden ein starkes Echo in der Literatur. In vielen Arbeiten wird die Brauchbarkeit seines Konzepts herausgestellt; die Auffassung, daß ein »tragfähiges« Arbeitsbündnis eine (oder sogar die) entscheidende Voraussetzung für die gesamte therapeutische Arbeit darstelle, wurde nicht nur für die psychoanalytisch orientierte Psychotherapie, sondern auch für die Auffassung von klassischer Analyse von zentraler Bedeutung. Ohne Zweifel besteht die Attraktivität von Greensons Konzept darin, daß es einen Bereich der therapeutischen Situation definiert, der, einem Archimedischen Punkt vergleichbar, zuverlässige Einwirkungsmöglichkeiten auf die vielfältigen, irrationalen Prozesse innerhalb der Therapie ermöglichen soll.

Die Betonung des Arbeitscharakters psychoanalytischer Therapie durch das Arbeitsbündnis stellt einen originären Beitrag Greensons zur Technik der Psychoanalyse dar. Dagegen läßt sich die Bündnisperspektive schon in den frühesten Schriften zur psychoanalytischen Therapie finden, was allerdings nicht überrascht, da gerade die Vorformen der Analyse, wie sie in den »Studien über Hysterie« (Freud 1895d, zusammen mit Breuer) dargestellt sind, auf einem verläßlichen »Rapport«, genauer: dem suggestiven Einfluß des Arztes beruhen. Insofern ist es meines Erachtens kein triftiges Argument für das Arbeitsbündniskonzept, wenn wiederholt darauf verwiesen wird, daß sich Bündnisformulierungen schon in den Anfängen der psychoanalytischen Literatur finden lassen. Überdies läßt sich an einer Reihe von Freud-Zitaten zeigen, daß

Freud seine Hinweise auf die Notwendigkeit eines Bündnisses in dem Maße abwägender und vorsichtiger formulierte, in dem er sich der psychoanalytischen Methode sicherer wähnte, was letztlich hieß, daß die verschiedenartigsten Prozesse in der Analyse auf die Übertragung bezogen werden konnten.

Die nachfolgende Zusammenstellung von Zitaten ist chronologisch geordnet.[18] Über die einzelnen Veröffentlichungsdaten hinaus möchte ich die Literatur drei großen Perioden zuordnen: erstens den Auffassungen oder Entdeckungen Freuds sowie der Analytiker der ersten und zweiten Generation bis in die 40er Jahre hinein; zweitens den ich-psychologisch orientierten Arbeiten zur Technik, die in den 50er und 60er Jahren in den Vereinigten Staaten verfaßt wurden und mehr oder weniger mit einer Entwicklungsphase der Psychoanalyse zusammenhängen, die sich mit dem Schlagwort vom »wachsenden Anwendungsbereich« der Psychoanalyse assoziieren lassen; drittens der noch andauernden Periode eines »integrativen Pluralismus«.

In seinem Beitrag zur Psychotherapie der Hysterie in den »Studien über Hysterie« beschrieb Freud, welche Mittel man zur Verfügung habe, um den fortgesetzten Widerstand des Patienten gegen die Reproduktion von Erinnerungen zu überwinden (1895d, zusammen mit Breuer, S. 285; Hervorh. H. D.):

> »Wenige, aber doch fast alle die, durch die sonst ein Mensch eine psychische Einwirkung auf einen anderen übt. Man muß sich zunächst sagen, daß psychischer Widerstand, besonders ein seit langem konstituierter, nur langsam und schrittweise aufgelöst werden kann, und muß in Geduld warten. Sodann darf man auf das intellektuelle Interesse rechnen, das sich nach kurzer Zeit beim Kranken zu regen beginnt. Indem man ihn aufklärt, ihm von der wundersamen Welt der psychischen Vorgänge Mitteilungen macht, in die man selbst erst durch solche Analysen Einblick gewonnen hat, *gewinnt man ihn selbst zum Mitarbeiter, bringt ihn dazu, sich selbst mit dem objektiven Interesse des*

18 Siehe auch die entsprechenden Abstracts und Übersichten bei Langs (1976), Vol. 1 und 2. Die Zitate amerikanischer Autoren wurden von mir übersetzt und nur dann im Original belassen, wenn ich auch sprachlich die Absicht eines Autors hervorheben wollte.

> *Forschers zu betrachten*, und drängt so den auf affektiver Basis beruhenden Widerstand zurück.«

Zu dieser Zeit wandte Freud als Ersatz für die Hypnose die »Technik des Drängens und Drückens« an. Sein therapeutischer Ansatzpunkt war der Assoziationswiderstand (o. c., S. 269; Hervorh. im Orig.):

> »Also eine psychische Kraft, die Abneigung des Ich, hatte ursprünglich die pathogene Vorstellung aus der Assoziation gedrängt und widersetzte sich ihrer Wiederkehr in der Erinnerung. Das Nichtwissen der Hysterischen war also eigentlich ein – mehr oder minder bewußtes – Nichtwissenwollen, und die Aufgabe des Therapeuten bestand darin, diesen *Assoziationswiderstand* durch psychische Arbeit zu überwinden. Solche Leistung erfolgt zuerst durch ›Drängen‹, Anwendung eines psychischen Zwanges, um die Aufmerksamkeit der Kranken auf die gesuchten Vorstellungsspuren zu lenken.«

Nachdem Freud die Aktivitäten des Drängens und Überwindens aufgegeben hatte, weil er sie als Surrogate der Übertragungswünsche erkannte, kam er zu der später vielzitierten Schlußfolgerung (1915a, S. 313): »Die Kur muß in der Abstinenz durchgeführt werden [...].«

Freud hatte versucht, innerhalb des gesamten Übertragungsgeschehens verschiedene Qualitäten der Übertragung zu unterscheiden. Seine Formulierungen zur »bewußtseinsfähigen und unanstößigen Komponente« der Übertragung (1912b) und der »leistungsfähigen Übertragung« (1913c) sind für die Diskussion der Bündniskonzepte immer wieder herangezogen worden (1912b, S. 371):

> »[...] die [...] bewußtseinsfähige und unanstößige Komponente [der positiven Übertragung] bleibt bestehen und ist in der Psychoanalyse genau ebenso die Trägerin des Erfolges wie bei anderen Behandlungsmethoden.«

Hier wird eindeutig festgestellt, daß sich das Bündnis zwischen Arzt und Patient der Übertragung selbst verdanken soll. Ebenso argumentierte Freud, was die »leistungsfähige Übertragung« betrifft. Er stellte die Frage, wann es Zeit sei, dem Patienten »die geheime Bedeutung seiner Einfälle zu enthüllen« (1913c, S. 473f.):

»Die Antwort hierauf kann nur lauten: Nicht eher, als bis sich eine leistungsfähige Übertragung, ein ordentlicher Rapport, bei dem Patienten hergestellt hat. Das erste Ziel der Behandlung bleibt, ihn an die Kur und an die Person des Arztes zu attachieren. Man braucht nichts anderes dazu zu tun, als ihm Zeit zu lassen. Wenn man ihm ernstes Interesse bezeugt, die anfangs auftauchenden Widerstände sorgfältig beseitigt und gewisse Mißgriffe vermeidet, stellt der Patient ein solches Attachement von selbst her und reiht den Arzt an eine der Imagines jener Personen an, von denen er Liebes zu empfangen gewohnt war.«

Zumeist endet hier dieses bekannte Zitat. Freuds nächster Satz ist jedoch aufschlußreich, was die Wechselwirkung von Bündnis und Analyse betrifft (o. c., S. 474):

»Man kann sich diesen ersten Erfolg allerdings verscherzen, wenn man von Anfang an einen anderen Standpunkt einnimmt als den der Einfühlung, etwa einen moralisierenden, oder wenn man sich als Vertreter oder Mandatar einer Partei gebärdet, des anderen Eheteils etwa usw.«

Aus der Sicht von Freuds behandlungstechnischen Schriften liegen die Probleme und Widersprüchlichkeiten, die sich später bei Zetzel, Greenson u. a. aus der Dichotomie von Übertragung und Arbeits- bzw. therapeutischem Bündnis ergeben, eindeutig sowohl im Bereich als auch im Wesen der Übertragung selbst. Nach Freuds Auffassung ist die Übertragung (als Widerstand) sowohl diejenige Kraft, die sich der Veränderung entgegenstellt, als auch das Motiv, die Neurose zu überwinden. Die entsprechenden Formulierungen lauten (1914g, S. 134f. u. 1916–17a, S. 463; Hervorh. H. D.):

»*Wenn der Patient nur so viel Entgegenkommen zeigt, daß er die Existenzbedingungen der Behandlung respektiert*, gelingt es uns regelmäßig, allen Symptomen der Krankheit eine neue Übertragungsbedeutung[19] zu geben, seine gemeine Neurose durch eine Übertragungsneurose zu ersetzen, von der er durch die therapeutische Arbeit geheilt werden kann. Die Übertragung schafft so ein Zwischenreich zwischen der Krankheit und dem Leben,

19 In den Ausgaben vor 1924 stand »Übertragungsbedingung« statt »Übertragungsbedeutung«.

durch welches sich der Übergang von der ersteren zum letzteren vollzieht.«

»*Den Ausschlag in diesem Kampfe* [gegen die Wiederholung des früheren Ausgangs] *gibt dann nicht seine* [des Patienten] *intellektuelle Einsicht – die ist weder stark noch frei genug für solche Leistung –, sondern einzig sein Verhältnis zum Arzt.* Soweit seine Übertragung von positivem Vorzeichen ist, bekleidet sie den Arzt mit Autorität, setzt sie sich in Glauben an seine Mitteilungen und Auffassungen um.«

In »Die endliche und die unendliche Analyse« (1937c) setzte sich Freud damit auseinander, wie man die »beschwerlich lange Dauer einer analytischen Behandlung abkürzen kann« (S. 79) und erkannte als maßgeblich für den Erfolg der therapeutischen Bemühung »die Einflüsse der traumatischen Ätiologie, die relative Stärke der zu beherrschenden Triebe und etwas, was wir die Ichveränderung nannten« (l. c.). Er formulierte in bezug auf diese Ichveränderung (o. c., S. 79f.; Hervorh. H. D.):

»Die analytische Situation besteht bekanntlich darin, daß wir uns mit dem Ich der Objektperson *verbünden*, um unbeherrschte Anteile ihres Es zu unterwerfen, also sie in die Synthese des Ichs einzubeziehen.«

An gleicher Stelle setzte sich Freud mit der Frage auseinander, welche für ein Bündnis nützliche Eigenschaften dieses Ich haben solle (o. c., S. 80):

»Das Ich, mit dem wir einen solchen Pakt schließen können, muß ein normales Ich sein. Aber ein solches Normal-Ich ist, wie die Normalität überhaupt, eine Idealfiktion. Das abnorme, für unsere Absichten unbrauchbare Ich ist leider keine.«

Was dieses Bündnis betrifft, wird Freud im »Abriß der Psychoanalyse« (1940a) aus der Perspektive des Ichs ebenso eindeutig, wie er sich früher aus der Perspektive der Übertragung geäußert hatte: das Bündnis wird mit dem »geschwächten« Ich geschlossen, im Sinne der Abmachung »vollste Aufrichtigkeit gegen strengste Diskretion«. Das vollständige Zitat lautet (o. c., S. 98):

»Der analytische Arzt und das geschwächte Ich des Kranken sollen, an die reale Außenwelt angelehnt, eine Partei bilden gegen die Feinde, die Triebansprüche des Es und die Gewissensansprüche des Überichs. Wir schließen einen Vertrag miteinander. Das kranke Ich verspricht uns vollste Aufrichtigkeit, d.h. die Verfügung über allen Stoff, den ihm seine Selbstwahrnehmung liefert, wir sichern ihm strengste Diskretion zu [...]. Unser Wissen soll sein Unwissen gutmachen, soll seinem Ich die Herrschaft über verlorene Bezirke seines Seelenlebens wiedergeben. In diesem Vertrag besteht die analytische Situation.«

Danach wendet Freud sich der Übertragung zu, wiederum im Sinne einer Paradoxie, wenn er die »Tatsache der Übertragung [...] als ein Moment von ungeahnter Bedeutung« darstellt, »einerseits ein Hilfsmittel von unersetzlichem Wert, anderseits eine Quelle ernster Gefahren« (o. c., S. 100).

Es fällt auf, daß Freud in diesen Formulierungen über das Bündnis oder den Vertrag, die in der Analyse geschlossen werden, nicht auf die Vorstellungen zurückgriff, die Sterba wenige Jahre zuvor formuliert hatte. In der vielzitierten Arbeit über »Das Schicksal des Ichs im therapeutischen Verfahren« betonte Sterba (1934), daß der Patient »das Besondere der analytisch-therapeutischen Arbeitsweise erstmalig durch die Aufklärungen über die Übertragungssituationen erlebe« (S. 69; Hervorh. H. D.):

»Dieses Besondere besteht im *Wandern des Bewußtseins vom Erlebniszentrum des Affekts zum Zentrum der intellektuellen Betrachtung.* Durch die Deutung, d.h. affektfreie Erläuterung der Übertragungssituation aufgrund der infantilen Voraussetzungen ihres Zustandekommens taucht im Patienten ein neuer Gesichtspunkt der Anschauung aus dem *Chaos triebbedingter und triebhemmender Aktionen* auf. Die Bedingung der wirksamen Errichtung dieses Betrachtungsstandpunktes ist ein Stück positiver Übertragung, aufgrund deren eine passagère Ich-Stärkung durch Identifizierungen mit dem Analytiker erfolgt. *Diese Identifizierung wird vom Analytiker provoziert. Vom Anfang wird der Patient zu ›gemeinsamer‹ Arbeit gegen etwas aufgefordert.* Jede einzelne Analysestunde gibt dem Analytiker wiederholt Gelegenheit, das Wort ›wir‹ auf sich und den realitätsgerechten Anteil des Ichs des Patienten anzuwenden. Die Anwendung dieses ›Wir‹ bedeutet regelmäßig einen Versuch von seiten des Analytikers, diesen Ich-Anteil an sich zu reißen und dem übrigen, in der Übertragung vom Unbewußten her besetzten oder influenzierten Ich gegenüberzustellen. *Man könnte sagen, das ›Wir‹ sei das Instrument für die therapeutische Ich-Spaltung.«*

Folgender Unterschied zwischen Freud und Sterba wird deutlich. Bei Freud stehen eine Bündnisidee und die zentrale Rolle der Übertragung nebeneinander, so daß man nicht genau ausmachen kann, welche Bedeutung der Bündnisidee im Verhältnis zur Übertragung zukommt. Sterba dagegen scheint sicher zu sein, daß er in der analytischen Situation selbst einen Ansatzpunkt, eine Art Hebel definieren kann, mit dem sich auf das »Chaos triebbedingter und triebhemmender Aktionen« einwirken läßt. Dieser Hebel ist bei Sterba die »Wir-Bildung«.

1989 hat Körner eine Kritik zum Konzept der therapeutischen Ich-Spaltung formuliert. Er weist darauf hin, daß die Analytiker der 30er Jahre fast durchweg negativ auf Sterbas Konzept reagiert hätten (S. 385). H. Deutsch, P. Federn, Jekels und vor allem Nunberg hatten den Begriff der Ich-Spaltung für die Theorie der Psychose reservieren wollen und im Bereich therapeutischer Konzepte für unsinnig gehalten (Sterba 1985, S. 93 f.). Sterba ist der Auffassung, er habe den Begriff des therapeutischen Bündnisses eingeführt und die Konzepte von Zetzel und Greenson hätten nachträglich seine Entdekkung bestätigt und ihn gleichsam rehabilitiert (l. c.). Die Literaturübersicht legt eher den Schluß nahe, daß Sterbas Konzept erst durch die späteren Bündniskonzepte zu allgemeiner Geltung gekommen ist. Körners Kritik lautet, daß Sterba seine Unterteilung in zwei Beziehungsformen, in Übertragung und Arbeitsbeziehung, wie man heute sagt, zur Abwehr der Gegenübertragung nutze (S. 390 f.). Das mag im Einzelfall stimmen, stellt jedoch keine grundsätzliche Kritik der pädagogischen und normativen Aspekte des Sterbaschen Bündniskonzeptes dar.

Offensichtlich hatten einige namhafte Autoren der 30er Jahre wenige oder gar keine Schwierigkeiten damit, das Vorhandensein erzieherischer Einflüsse in der psychoanalytischen Situation nicht nur zu sehen, sondern auch als notwendig zu erachten; als Beispiel dafür eine Formulierung Bibrings (1937, S. 32; Hervorh. H. D.):

»*Die Vorgänge des analytischen Verfahrens im engeren Sinne des Wortes sind durchsetzt von pädagogischen Einflüssen, die der Angstberuhigung, der Mäßigung der Abwehr, der Stärkung des vernünftigen Ichs usw. dienen.* Alle diese Einwirkungen machen nicht den eigentlichen Vorgang aus, tragen durchaus vorläufigen Charakter und sind bestimmt, durch die Resultate der eigentlichen analytischen Maßnahmen ersetzt zu werden.«[20]

Meines Erachtens ist in diesen pädagogischen Einflüssen eine Fortsetzung der früheren, voranalytischen Aktivitäten Freuds zu sehen.

Ab Mitte der 30er Jahre wurde das Ich als die »Stätte der Behandlung« herausgestellt (Bibring 1937; A. Freud 1936). Diese Bestimmung der psychoanalytischen Behandlung steht allerdings nicht nur in Opposition zu den Auffassungen von Alexander (1925), Radó (1926) und Reich (1925), die das Über-Ich in den Mittelpunkt der therapeutischen Veränderung gerückt hatten, sondern auch zu der bedeutenden Arbeit Stracheys (1934), der die Auffassung der zuletzt erwähnten Autoren fortführte und aus Kleinianischer Perspektive umformulierte.

Wie wenig Konsens in dieser Periode psychoanalytischer Technik-Auffassungen bestand, zeigt ein Hinweis auf Nunbergs Überlegungen zum Bündnis in der Analyse (1928, S. 446; Hervorh. im Orig.):

»Hat sich also die Beziehung des hilflosen und abergläubischen Patienten zu seinem von ihm mit magischer Macht ausgestatteten Psychoanalytiker hergestellt, so ist damit für den Anfang viel gewonnen, denn der unbewußte Teil der *Persönlichkeit des Kranken steht jetzt auf der Seite des Arztes.*«

Dieser Typus des Bündnisses kann auch als irrationales Bündnis charakterisiert werden (vgl. Gutheil und Havens 1979, S. 470), da dieses Bündnis die Übertragung mit all ihren Entstellungen zur Grundlage hat. Nunberg berührte gleichsam den äußersten Punkt des Patient-Arzt-Verhältnisses, wenn er sagte (l. c., Hervorh. im Orig.):

»Jeder leidende und kranke Mensch ist hilflos. Er wird daher in seiner Hilflosigkeit, wie ein Kind oder ein primitiver Mensch, geneigt sein, die Macht desjenigen, der ihm Hilfe verspricht, zu überschätzen. Er wird den Arzt, im weitesten Sinne des Wortes, vielleicht wie einen Zauberer betrachten. [...] Ist doch der Patient

20 Bei der Gegenüberstellung von »pädagogischen Einflüssen« und »eigentlichen analytischen Maßnahmen« wäre es verlockend, der bedeutsam klingenden und zugleich nichtssagenden Adjektivierung »eigentlich« nachzugehen.

der Meinung, daß der Psychoanalytiker nichts anderes zu tun hat als das, was er seit Jahren unbewußt selbst treibt, d. h. mit *magischen* Mitteln, wie z. B. in der Zwangsneurose, ihn gegen die Gefahren der Triebe zu schützen, also vom Leiden zu *befreien*. [...] Wie dem auch in den Einzelheiten sei, stoßen wir, wenn wir, Hilfe versprechend, an das intakte Ich des Patienten appellieren, auf ein unbewußtes Entgegenkommen, in welchem ein hilfloses Ich eine Stütze, wenn auch in einem ganz anders gemeinten Sinne, sucht.«

Nach Nunberg wird der bewußte »Genesungswunsch« (vgl. Nunberg 1925) vom unbewußten Es unterstützt (1932, 3. Aufl., S. 375; Hervorh. H. D.):

»Obwohl [der Patient] sich früher oder später in der Allmacht seines Analytikers enttäuscht sieht, kann die Behandlung doch zunächst weitergeführt werden, wenn der bewußte Wunsch nach Genesung in dem unbewußten infantilen Hilfsbedürfnis und dem unbewußten Wunsch nach Befriedigung der verdrängten Strebungen eine Stütze findet. *Zusammen regen diese Faktoren die Übertragung an, die schließlich zum Träger des Genesungswunsches wird und damit zur wesentlichsten Triebkraft der Behandlung.*«

Halten wir soweit fest, daß sich in der ersten Periode von technischen Schriften neben der Betonung rationaler Kräfte auch ein »irrationales« Bündnis finden läßt, was die heutigen Befürworter des Arbeits- oder therapeutischen Bündnisses nie erwähnen. Eine gewisse Unsicherheit darüber, ob sich das Bündnis in der Analyse mehr rationalen oder mehr irrationalen Kräften verdankt, läßt sich auch in einem Zitat aus Fenichels Monographie »Problems of Psychoanalytic Technique« erkennen (1941, S. 27f.):

»Was für den pathologischen Wunsch nach Genesung zutrifft, gilt gleichermaßen für die sogenannte positive Übertragung. Man sollte außerdem daran zweifeln, ob eine Aufteilung der Übertragung in eine ›positive‹ oder eine ›negative‹ zutreffend ist. Die Formen der Übertragung, die bei Neurotikern auftreten, sind nach ihrer Ambivalenz zu unterscheiden; sie sind regelmäßig positiv und negativ zugleich oder schlagen zumindest leicht von einer Form in die andere um. Insofern sie den Widerstand in der Analyse zum Ausdruck bringen, können wir beide Formen der Übertragung als ›irrationale Übertragung‹ bezeichnen. Wenn wir aber andererseits die ›zielgehemmte positive Übertragung‹, da sie uns für die Analyse geeignet erscheint, als ›rationale‹ Übertragung bezeichnen wollen, so enthält dieser Ausdruck einen Widerspruch in sich. Übertragung ist mit der Tatsache verbunden, daß jemand auf die Einflüsse der Außenwelt nicht rational reagiert, sondern in ihnen Situationen der Vergangenheit herausliest. Die positive Übertragung mag, ebenso wie der pathologische Genesungswunsch, während längerer Zeiten einer Analyse willkommen sein, weil sie ein Motiv liefert, Widerstände zu überwinden; insofern sie Übertragung ist, gehören ihre Strebungen jedoch zu infantilen Objekten, und es muß ein Zeitpunkt kommen, an dem diese Übertragungsstrebungen zu Widerständen werden, was auch heißt, daß ihr wahres Verhältnis dem Patienten vorgeführt werden muß.«

Die folgende Reihe von Arbeiten zum therapeutischen und Arbeitsbündnis zählt zur zweiten Periode der Entfaltung der Psychoanalyse, die ich im dritten Kapitel mit den Schlagworten »wachsender Anwendungsbereich« *(widening scope)* und »ich-psychologische Orthodoxie« charakterisierte. Es finden sich ausschließlich Arbeiten amerikanischer Autoren. Die Befürworter der Bündniskonzepte heben in unterschiedlichem Ausmaß die Rationalität der psychoanalytischen Technik hervor. Es entspricht diesem Schwerpunkt auf Rationalität, die auf ihre gesellschaftliche Bedeutung hin nicht befragt wird, daß sowohl therapeutisches als auch Arbeitsbündnis zur Voraussetzung des Gelingens einer Psychoanalyse avancieren. Die Auffassungen Zetzels stehen am Anfang dieser Periode psychoanalytischen Denkens, während die schon erwähnten Erweiterungen Greensons bis hin zur »menschlichen« und »realen« Beziehung das Ende dieser Periode kennzeichnen, an dem sich einige kritische Stimmen erheben, die, beginnend mit Friedman (1969), geltend machen, daß die Existenz eines Arbeitsbündnisses, wie es bei den Befürwortern als Voraussetzung der Analyse beschrieben wird, eher am Ende von Analysen festzustellen sei.

Zetzels Bündnisvorstellung beruht auf einer Analogie (1956, 1958, 1966). Ihrer Auffassung nach ist die Situation des Patienten, der sich den Anforderungen des psychoanalytischen »Settings« gegenübersieht, der Situation des Kleinkindes ähnlich, bei dem sich die Trennung zwischen dem Selbst und den Objekten noch nicht gefestigt hat. Die Art der Objektbeziehungen zu diesem frühen Zeitpunkt der Ich-Entwicklung wird als dyadisch charakterisiert. Zetzel leitete aus dieser entwicklungspsychologischen Aussage die Analogie ab, daß der Analytiker zu Beginn der Analyse dem Patienten eine dyadisch organisierte Objektbeziehung anzubieten habe. Diese »neue Objektbeziehung« soll auf die Herstellung eines guten »Rapports« und die »Linderung der Objektangst« ausgerichtet sein. Das auf diesem Wege hergestellte therapeutische Bündnis wird als »wesentliche Voraussetzung« des psychoanalytischen Prozesses angesehen. Zetzels Argumentation oszilliert zwischen zwei Bezugspunkten: der eine wird durch die Gesamtheit von Anforderungen oder Belastungen gebildet, die dem Patienten durch die psychoanalytische Situation auferlegt werden; den anderen bildet die Vorstellung von einer »archaischen Regression« des Patienten.

Zetzel hat ihre Auffassung, daß der Analytiker ein dyadisches Beziehungsangebot machen müsse, um die Belastungen der analytischen Situation auszugleichen und einer drohenden archaischen Regression entgegenzuwirken, zunächst für sogenannte schwer gestörte, später für alle Analysepatienten geltend gemacht. Sie ging in ihrer Argumentation von der Haltung eines Psychoanalytikers aus, der an der Regel: keine Übertragungsdeutungen vor Entwicklung der Übertragungsreaktionen, starr festhält und deshalb vor allem schweigt, ein Vorgehen, das nach Zetzels Auffassung wiederum geeignet sei, Angst, Wut und Regression hervorzurufen. Hier stellt sich für mich die folgende Frage: Wenn Zetzels Auffassung von der Notwendigkeit eines therapeutischen Bündnisses allgemeine Gültigkeit besitzt, dann müßten die Belastungen, die das psychoanalytische Vorgehen für die Patienten mit sich bringt, schon immer so gravierend gewesen sein, daß ihnen durch beeinflussende, stützende sowie suggestive Maßnahmen entgegengearbeitet werden mußte. Diese Überlegung macht meines Erachtens klar, daß die Notwendigkeit, ein therapeutisches Bündnis herzustellen, aus einer ganz anderen Quelle stammt, nämlich von solchen Vorstellungen des Analytikers über die Analyse, die sich mit der alltäglichen Praxis nicht in Einklang bringen ließen; gemeint ist die Orientierung an einem naturwissenschaftlich gedachten, quasi-experimentellen Modell der Analyse. Statt einer Korrektur dieser Modellvorstellung wird bei Zetzel (Greenson geht in ähnlicher Weise vor, wie in Kapitel 7,

S. 140f. gezeigt wird) als zusätzliches Konzept das therapeutische Bündnis eingeführt, um die Zumutungen und Härten, die sich beim Transfer des Analysemodells in die Praxis ergeben, gleichsam zu lindern. Zetzels entwicklungspsychologischer Analogie folgend, müßte das therapeutische Bündnis auch dazu dienen, die Angst vor Objektverlust in der psychoanalytischen Situation zu verringern. Es leuchtet mir aber nicht ein, warum sich die Analyse überhaupt an einem Situationsmodell orientieren soll, das einen Objektverlust einschließt; m. E. ist der Konflikt unser Grundmodell.

Ticho und Ticho bauen ihre Argumentation für das Behandlungsbündnis auf folgender Definition der Übertragung auf (1969, S. 19; Hervorh. im Orig.):

> »Im allgemeinen sind übermäßig starke, unkontrollierte und inadäquate Gefühle auf Übertragungsreaktionen verdächtig. Aber es gibt auch hier Ausnahmen. Nichts, was der Analytiker real tut, wenn er sich einigermaßen lege artis verhält, ist dann berechtigter Anlaß zu übermäßig starken Gefühlsreaktionen des Analysanden. [...] Übertragungserscheinungen sind *unbewußt, irrational* (d. h. der Realitätssituation, in der sie in Erscheinung treten, *unangepaßt), ambivalent und hartnäckig.*«

Sie schließen sich Zetzels Auffassung an, daß die regressiven Tendenzen der Übertragungsneurose nur analysiert werden können, »wenn genügend Ich-Stärke vorhanden ist, durch die das Behandlungsbündnis aufrechterhalten werden kann« (o. c., S. 21). Ihre Definition des Behandlungsbündnisses lautet (o. c., S. 22):

> »Derjenige Teil der Beziehung [des Patienten] zum Analytiker, in dem der Analytiker als Analytiker in seiner analytischen Funktion erlebt wird, kann als Behandlungsbündnis bezeichnet werden.«

Die Autoren verweisen explizit auf den Zusammenhang von Behandlungsbündnis und Ich-Psychologie (o. c., S. 23):

> »Das zunehmende Verständnis der Bedeutung des Behandlungsbündnisses verdanken wir der Ich-Psychologie, die das Interesse auf ein sorgsames Studium der Objektbeziehungen, der Realitätsprüfung, der Krankheitseinsicht, der Motivierung zur Behandlung und der synthetischen Funktion des Ichs gelenkt hat.«

Was Ticho und Ticho als »Anzeichen einer gestörten Entwicklung des Behandlungsbündnisses« aufführen, kann zugleich als Ausgangspunkt der Kritik dienen, z. B. die Entwicklung eines »Pseudo-Behandlungsbündnisses« oder der »besonders vernünftige Analysand«, wie er nach Meinung der Autoren oft bei Ausbildungskandidaten zu finden sei; die Autoren sagen dazu (o. c., S. 31):

> »Die Übertragungsgefühle werden in der Identifizierung mit dem Analytiker abgeschwächt, und das Behandlungsbündnis wird als Abwehr mißbraucht. Es handelt sich hier nicht um die Identifizierung mit dem Analytiker, der die Autonomie des Patienten respektiert und fördert und dem Patienten erlaubt, er selbst zu sein, sondern um eine Identifizierung mit einer Autoritätsfigur, die Selbstkontrolle und Willenskraft fordert. In der Analyse muß der Patient fähig sein, auch das Unvernünftigte und das Infantile zu akzeptieren, sonst kommt es zu einer sterilen Analyse und zu einer Karikatur des Behandlungsbündnisses.«

Hat der Patient eine Wahl, wie er sich mit dem Analytiker identifiziert? Drängt nicht zum einen sein neurotischer Konflikt, zum anderen aber gerade jenes Vorgehen des Analytikers, das die Autoren zur Stärkung des Behandlungsbündnisses beschreiben, den Patienten in Richtung der Identifizierung mit einer Autoritätsfigur? Es heißt: »In der Analyse muß der Patient fähig *sein*, auch das Unvernünftige und das Infantile zu aktzeptieren« (l. c.). Sollte es nicht eher heißen, daß der Patient durch die Analyse fähig *wird*, das Unvernünftige und Infantile zu akzeptieren?

Ticho und Ticho bleiben ganz auf der Seite der Rationalität, wenn sie den folgenden Ratschlag für die Stärkung des Behandlungsbündnisses geben (l. c.):

> »Welche Maßnahmen kann der Analytiker ergreifen, um ein schwaches Behandlungsbündnis zu stärken? Der Analytiker kann immer wieder die Frage aufwerfen: Wie arbeiten wir zusammen; er soll auch alle analytischen Regeln, und besonders alles, was den Patienten an der Analyse fremd vorkommen muß, erklären. Solche Erläuterungen zeigen dem Patienten gleich zu Beginn der Behandlung, daß es dem Analytiker um das Verständnis geht und es ihm nicht darum zu tun ist, vom Patienten Gehorsam zu verlangen.«

Läßt sich so leicht einem unbewußten Drang nach der Identifizierung mit einer Autoritätsfigur entgegenarbeiten?

Ein Einwand gegen die Bündniskonzepte, der sowohl nach der

Einführung dieser Konzepte (Arlow und Brenner 1966) als auch später erhoben wurde (Brenner 1979), lautet: bei den Phänomenen, die Zetzel, Greenson und andere unter ihre Bündniskonzepte subsumieren, gehe es jeweils um Aspekte der Übertragung, weshalb diese Phänomene weder eines anderen Namens noch eines anderen als des deutenden Umgangs bedürften. Brenner (1979) diskutiert in diesem Sinne die Beispiele, die von Zetzel und Greenson zur Rechtfertigung ihrer Bündniskonzepte gegeben wurden. Er bezweifelt grundsätzlich, ob Fallvignetten geeignet seien, die Geltung von Konzepten zu prüfen, und sieht eher in fortlaufenden Fallseminaren eine methodisch akzeptable Prüfungsmöglichkeit für psychoanalytische Konzepte. Meines Erachtens bleibt Brenner trotz seiner Kritik in Übereinstimmung mit Greenson, da er mit diesem die ichpsychologische Grundorientierung teilt, die sich in der Praxis, wie Peterfreund (1983, S. 37f.) an einem Fallbeispiel von Brenner ausführt, als »stereotypes« Vorgehen äußert. Ich meine, daß ein stereotypes Vorgehen, wie ich es hier am Beispiel des Arbeitsbündnisses kritisiere, bei den unterschiedlichsten Grundorientierungen auftreten kann, weil das Problem in der *unbemerkten Rückkehr zur Konvention* liegt.

Friedmans Arbeit »The Therapeutic Alliance« (1969; s. a. 1988, Chap. 2–3) kommt unter den kritischen Einwänden gegen die Bündniskonzepte eine besondere Bedeutung zu; es ist meines Wissens die erste Arbeit, bei der die Einwände von der grundsätzlichen Überlegung aus entwickelt werden, daß psychoanalytische Behandlungskonzepte über ihren unmittelbar definierten Geltungsbereich hinaus in erheblichem Ausmaß dazu dienen, die Analytiker sowohl in der Analyse als auch unter den Kollegen zu stabilisieren. Der entscheidende Einwand Friedmans lautet in pointierter Kürze (1969, S. 151):

> »Das Geschäft des Analysierens ruft an sich schon einen ›Hunger nach Zusammenarbeit‹ hervor [im Orig.: *The job of analyzing itself creates a ›hunger for cooperation‹*]; das therapeutische Bündnis könnte sich zum einen durch seine Unbestimmtheit, was die Motivation des Patienten angeht, zum anderen aber durch die starke Betonung der Ähnlichkeit zwischen Analytiker und Patient dazu eignen, das genannte Bedürfnis, den Hunger nach Zusammenarbeit, zu befriedigen.«

Anhand der diskutierten Literatur schließt Friedman, das therapeutische, aber auch das Arbeitsbündnis setze eine Kongruenz zwischen Patient und Analytiker voraus, die an den Bedingungen des Analytikers orientiert sei (l. c.; Hervorh. H. D.):

> »[Das therapeutische Bündnis] war darauf abgestellt, dem Analytiker eine Flucht aus der Position zu ermöglichen, in die ihn die Theorie ursprünglich versetzte, nämlich dahin, daß er in das Bedürfnismuster des neurotischen Patienten passen sollte, um für diesen wichtig genug zu werden, sein Bedürfnismuster zu ändern. *Mit Hilfe des therapeutischen Bündnisses wurde dem Patienten stillschweigend eine Reihe von Bedürfnissen zugeschrieben* (obgleich sie nicht ausdrücklich als Bedürfnisse bezeichnet wurden), *die glücklicherweise dieselben wie die des Analytikers waren.* In der Tat sollte der Patient mit dem Analytiker dessen professionelle Ziele teilen.«

Nachdrücklich stellt Friedman fest, der Analytiker verfolge beim Analysieren Ziele, die der Patient nicht teilen könne. Seine Überlegungen lassen sich dahingehend zusammenfassen: Der Analytiker, der im Arbeitsbündnis Voraussetzung und Ansatzpunkt der Behandlung sieht, übergeht nicht nur seinen *»hunger for cooperation«*, sondern er wird dieses Bedürfnis nach Zusammenarbeit durch sein Vorgehen noch erhöhen und damit selbst die erforderliche Einstellung des Akzeptierens verschiedenartigster Bedürfnisse auf seiten des Patienten durchkreuzen.

Die Kritik Friedmans leitet über zur Skizze der dritten, noch andauernden Periode psychoanalytischer Behandlungstheorie, deren auffälligstes Charakteristikum ist, daß verschiedenste Positionen nebeneinander bestehen. Der referierte ich-psychologische Ansatz wird fortgeführt (z. B. Blanck und Blanck 1974, 1979; Hani 1973), die behandlungstechnischen Aspekte der Objektbeziehungs- und der Selbstpsychologie kommen hinzu; außerdem wird in einer Reihe von Arbeiten der Bedeutungswandel von Konzepten untersucht (z. B. Kanzer 1981), und schließlich repräsentiert eine gesonderte Gruppe von Veröffentlichungen die operationalisierend-quantifizierende Forschung mit Hilfe der Bündniskonzepte (z. B. Luborsky 1976).

Im krassen Gegensatz zu Friedmans Einwänden steht Hanis (1973) Akzentuierung des Arbeits- und therapeutischen Bündnisses. Nach Hani ist das therapeutische Bündnis ein »integraler Bestandteil« der psychoanalytischen Theorie und Praxis (S. 450). Ichpsychologische Konzepte wie autonomes Ich, Neutralisierung und Objektkonstanz bilden nach seiner Auffassung die entscheidenden Komponenten eines therapeutischen Bündnisses; er formuliert (o. c., S. 457):

> »Die Fähigkeit zu einem therapeutischen Bündnis verhält sich direkt proportional zur Fähigkeit der Neutralisierung, die ihrerseits von der Aufrechterhaltung der Objektkonstanz abhängt.«

Der Autor beabsichtigt mit seiner Arbeit, daß therapeutisches und Arbeitsbündnis als »diagnostisch-prognostisches Behandlungsinstrument« gelehrt werden; dieser beurteilende Ansatz soll auch für das Vorgehen des Analytikers in den einzelnen Analysestunden gelten (o. c., S. 449; Hervorh. H. D.):

> »Durch ein *ständiges Überwachen* [im Orig.: *constant monitoring*] der Beschaffenheit des Bündnisses in jeder einzelnen Sitzung gelangt der Analytiker zu einer genaueren Prüfung der intrapsychischen Verfassung seines Patienten zum jeweils gegebenen Zeitpunkt; auf diese Weise kann er seine therapeutische Fertigkeit erweitern und erhöhen [...] analytische Fehler hängen zumeist mit einer *falschen Einschätzung* [im Orig.: *faulty assessment*] der Fähigkeit für ein therapeutisches Bündnis oder der Vernachlässigung der anhaltenden Bedeutung dieses Bündnisses zusammen; sie gehen mit einer übermäßigen Betonung von Widerstand und Übertragungs-Gegenübertragungsphänomenen einher.«

In keiner anderen Arbeit zu den Bündniskonzepten konnte ich so viele Schein-Klarheiten finden, die letztlich darauf zurückgehen, daß mit (theoretischen) Konstrukten umgegangen wird, wie es von Leites (1971) in seiner Kritik der Ich-Psychologie beschrieben wird. Hani gebraucht die Konzepte Arbeitsbündnis, Neutralisierung und Objektkonstanz so, »als seien sie Wörter für Vorgänge [im Orig.: *words with referents*], die beobachtbar sind« (Leites 1971, S. 192): Ich sehe in der Gesamttendenz von Hanis Arbeit eine »Pseudo-Technisierung« des psychoanalytischen Verfahrens. Als Beleg mag der Hinweis auf das häufige Vorkommen von *»constant monitoring«* und *»assessment«* ausreichen: dem Analytiker wird eine ständige »Überwachung« und »Beurteilung« des Patienten empfohlen.

Selbst wenn man dem Terminus Beobachtung im Zusammenhang mit Prozessen des Erschließens einen berechtigten Platz in der Behandlungstheorie einräumt, wie ich das im zweiten Kapitel getan habe, dann muß man hier feststellen, daß Beobachtungen in den Rang von Überwachen und Beurteilen, also von Kontrolle schlechthin treten.

Der Beitrag Flemings (1972) zu den Bündniskonzepten ist von der Entwicklungstheorie M. Mahlers beeinflußt. In der Analyse kommt es nach Fleming zur Wiederbelebung eines symbiotischen Bedürfnisses, auf dessen Grundlage der Analytiker als Hilfs-Ich wirke, was zugleich auch sein Beitrag zum Arbeitsbündnis sei. Auf dieser Grundlage soll der Patient fähig sein zu regredieren, Abwehrmuster zu wiederholen sowie Hoffnungen und Erwartungen der Kindheit wiederzuerleben. Nach Fleming kann auf dieser Grundlage – der *»working empathic symbiotic alliance«* – die Übertragungsneurose erlebt und durchgearbeitet werden (S. 39f.).

Sandler, Dare und Holder (1973) weisen in einer Fußnote auf die Wechselwirkung zwischen Behandlungsbündnis und Ich-Psychologie hin (1973, S. 25f.):

> »Die Bildung des Begriffs Behandlungsbündnis als etwas, was von der Übertragung abzuheben ist (d.h. der ›freundlichen‹ Übertragung), kann vermutlich mit der Entwicklung dessen verknüpft werden, was unter der Bezeichnung ›Ich-Psychologie‹ bekannt wurde. Dieser Aspekt psychoanalytischen Denkens entwickelte sich nach der Formulierung des ›Strukturmodells‹ des psychischen Apparates (Freud 1923b, 1926d). [...] Spätere analytische Autoren haben den Gedanken von Funktionen und Eigenschaften des Ich herausgearbeitet, die relativ unabhängig von den Trieben sind. [...] Vieles, was über den Begriff des Behandlungsbündnisses in seinen verschiedenen Formen geschrieben wurde, impliziert solche ›autonomen‹ Funktionen und Einstellungen.«

Obgleich diese Autoren einräumen, daß eine Behandlung auch ohne starkes Behandlungsbündnis begonnen werden könne (o. c., S. 29), sind sie der Auffassung, daß ein »wichtiger Teil der Arbeit des Analytikers darin [bestehe], die Entwicklung des Behandlungsbündnisses zu unterstützen« (l. c.). Außerdem teilen sie die Auffassung, daß »die Beurteilung der *Fähigkeit* des Patienten zur Bildung eines Behandlungsbündnisses von offensichtlicher Bedeutung [sei]« (o. c., S. 30;

Hervorh. im Orig.). Und nicht zuletzt hat nach ihrer Auffassung das Behandlungsbündnis eine wichtige Bedeutung für die Anwendungen der Psychoanalyse (z. B. in Beratungssituationen und Rehabilitationseinrichtungen).

Kanzer (1975) vertritt die Auffassung, daß therapeutisches und Arbeitsbündnis im Widerspruch zur Grundregel stünden und von daher eher in der psychoanalytisch orientierten Psychotherapie Anwendung finden sollten; in der traditionellen Technik kämen diese Konzepte bzw. ihre Wirkung, vor allem wenn sie sich verselbständigten, der Einführung von Parametern gleich. In der Diskussion zu Kanzers Arbeit charakterisierte Arlow die Auffassungen von Greenson und Zetzel wie folgt (1975, S. 72; Hervorh. H. D.):

> »Sowohl Greenson als auch Zetzel stellen eine *künstliche Dichotomie zwischen äußerer Realität und innerem Phantasieleben* her. Beide halten es für nötig, diese Dichotomie durch Rückversicherungen und Interpretation der sog. ›realen Beziehung‹ zu überbrücken. Dadurch wird die Bedeutung dynamischen Zusammenspiels, der gegenseitige Einfluß von Wahrnehmung und Phantasie, Erinnerung und Wirklichkeit, Vergangenheit und Gegenwart herabgesetzt.«

In einer erneuten Stellungnahme zu den Kontroversen über das therapeutische Bündnis läßt Kanzer (1981) keinen Zweifel daran, daß die Bündniskonzepte nicht in Konkurrenz zur Grundregel treten sollten, sondern daß in erster Linie die Grundregel das Verhältnis zwischen Analytiker und Patient bestimme; Freuds »Pakt«, von Kanzer auch *»standard therapeutic alliance«* genannt, stelle eine Art Garantie der Grundregel dar.[21]

Dickes (1975) möchte therapeutisches Bündnis und Arbeitsbündnis dahingehend unterscheiden, daß ersteres mit dem »umfassenden therapeutischen Rapport« identisch sei, der alle Elemente umfasse, die den Fortschritt der Behandlung begünstigten, während das Arbeitsbündnis den »eher gesunden interpersonellen Austausch zwischen Analytiker und Patient« erfasse. In dieser Perspektive stellt das Arbeitsbündnis lediglich einen unter vielen Faktoren dar, die zu einem guten therapeutischen Bündnis beitragen.

21 Siehe auch Lewin (1955, S. 283): »Aphoristisch gesagt: Der Traum ist der Hüter des Schlafs, aber der Analytiker ist der Hüter der freien Assoziation.«

Es wurde schon erwähnt, daß Brenner (1979) Bündniskonzepte insgesamt ablehnt, weil das, worauf sie sich beziehen, seiner Auffassung nach zur Übertragung gehört. Die Kritik von Curtis (1979) ist weniger umfassend. Hier wird die Notwendigkeit, Bündniskonzepte einzuführen, mit dem »wachsenden Anwendungsbereich« der Psychoanalyse verknüpft. Für die Bündniskonzepte gilt nach seiner Auffassung, was für jedes andere Konzept gilt, wenn es übermäßig hervorgehoben wird (S. 160):

»[Es entsteht] eine relative Vernachlässigung der grundlegenden Vorstellungen vom Unbewußten, vom intrapsychischen Konflikt, der freien Assoziation sowie der Deutung von Übertragung und Widerstand.«

Die Kritik von Curtis ist insofern verhalten, als sie das Problem der Bündniskonzepte überwiegend auf der Ebene der Begriffsbildung ansiedelt.

Strean (1979) und M. H. Stein (1981) behandeln die Vernachlässigung der positiven Übertragung bei den Befürwortern der Bündniskonzepte. Während Strean einen Zusammenhang zwischen der unanalysierten positiven Übertragung und der Notwendigkeit zur erneuten Analyse feststellt, weist Stein auf folgendes hin (S. 890; Hervorh. H. D.):

»Auch jene Aspekte der Übertragung, die zunächst dem analytischen Prozeß günstig und dem Anschein nach am wenigsten mit dem Widerstand verknüpft sind, werden zu wesentlichen Bestandteilen der Übertragungsneurose und tragen massiv zu den subtilsten Schwierigkeiten des Prozesses, vor allem seiner Auflösung bei. *Diese Phänomene sind, gerade weil sie als Rationalität und Kooperation erscheinen, um so schwieriger der analytischen Untersuchung zu unterziehen. Sie fungieren nicht nur als Widerstände gegen die Analyse präödipaler Konflikte, sondern noch wirksamer im Falle neurotischer Störungen, die um die unvollständige Lösung ödipaler Konflikte zentriert sind,* d. h. bei den sog. klassischen Neurosen, dem Fall des idealen Analysepatienten.«

Das Nebeneinander von Auffassungen in der neueren Literatur läßt sich vielleicht gut verdeutlichen, wenn ich nach der Warnung M. H. Steins vor der vielfach vorgenommenen Gleichsetzung von »unanstößiger, positiver Übertragung« und therapeutischem Bündnis die »Komponenten der therapeutischen Beziehung« nenne, die Paolino (1981) aufzählt: er stellt neben die Übertragung das therapeutische Bündnis, das narzißtische Bündnis, das er von Corwin (1974) übernimmt, und die reale Beziehung. So viel Raum für Bündnis und Beziehung, so wenig für die Realität der Übertragung! Nach Paolino bildet das narzißtische Bündnis die Grundlage, auf der sich sowohl die Übertragungsneurose als auch das therapeutische Bündnis entwickeln (1981, S. 119f.).

Wiederum im Gegensatz zu Paolino sagt G. Adler (1980, S. 556):

> »Obgleich das Konzept des therapeutischen Bündnisses für unsere klinische Arbeit wichtig ist, sollte es nicht mit Selbstobjekt-Übertragungen verwechselt werden.«

Adler deutet außerdem an, daß die Überbetonung des therapeutischen Bündnisses durch den Analytiker womöglich schon »ein Versagen seiner Einfühlung« darstelle, zumindest jedoch aus der »Einsamkeit und dem Alleinsein bei seiner psychoanalytischen Arbeit« hervorgehen könne (l. c.). Außerdem stimmt er mit Friedman darin überein, »daß ein therapeutisches Bündnis in seiner reifen, stabilisierten Form zumeist erst in einer späteren Phase der Analyse vorkomme« (l. c.). Auch Weinshel (1984, S. 75) äußert sich ähnlich:

> »Das ›Arbeitsbündnis‹ ist eher eine vorübergehende als eine konstante Struktur, und allein aus diesem Grund schon stellt es ein Konzept dar, das potentiell verwirrender als brauchbar ist, besonders dann, wenn es als abgegrenzte psychologische Einheit angesehen wird.«

Dagegen wird in Bräutigams Arbeit »Realistische Beziehung und Übertragung« (1988) das Arbeitsbündnis nicht nur der Übertragung gegenübergestellt, sondern in der »realistischen Beziehung« gleichsam verankert (S. 172f.; Hervorh. im Orig.):

> »Nun meint das Arbeitsbündnis nur eine bestimmte, behandlungstechnische Funktion, nämlich die gemeinsam sachliche Ausrichtung auf die Aufgabe, wobei vor allem die Bereitschaft und Fähigkeit des *Patienten* zur Mitarbeit gemeint ist, weniger die des Analytikers. Ohne eine persönliche und vertrauensvolle Beziehung und ohne umgreifendes Rollenverständnis wird ein Arbeitsbündnis kaum zustande kommen. Deshalb ist der Begriff Arbeitsbündnis im Laufe der Zeit auch immer weiter gefaßt worden. So wird im Rahmen des Arbeitsbündnisses beziehungsweise der

therapeutischen Allianz eine *Identifikation des Patienten* (Thomä und Kächele 1985) mit den Funktionen des Analytikers beschrieben, die den Behandlungsprozeß überdauern soll. Es ist sehr die Frage, ob diese zweifellos ablaufenden Identifikationen (Morgenthaler 1978) tatsächlich noch unter dem Zeichen des Arbeitsbündnisses ausreichend zu fassen sind.«

Die Darstellung der »realistischen Beziehung« als »rahmengebende Funktion« und »therapeutisches Instrument« zeigt meines Erachtens, daß Bräutigam die entscheidenden Fragen, die früher im Kontext der Übertragung (Abgrenzung der »milden, unanstößigen Übertragung«), dann in der Gegenüberstellung von Übertragung und Bündnis erörtert wurden, lediglich in den Bereich der »realistischen Beziehung« verlagert; daß es dabei in der Tat um die Verlagerung eines grundsätzlichen Problems und nicht um dessen Lösung geht, kann man daran erkennen, wie Bräutigam mit seiner Definition der »realistischen Beziehung« rückgängig macht, was Lorenzer (1984) als »radikale Umkehrung des Patient-Arzt-Verhältnisses« bezeichnete. Bräutigam schreibt (1988, S. 175f.; Hervorh. im Orig.):

»*Rahmengebend und konstitutiv* ist sicher ein zunächst noch allgemein vorgegebenes, im Laufe der Behandlung sich immer deutlicher herausbildendes *Rollenvorverständnis*. [...] Es liegt zwischen jemandem, der Hilfe sucht, und jemandem, der kompetent und vertrauenswürdig genug ist, Hilfe zu geben. [...] Das Vorbild liegt in der ärztlich-therapeutischen Rollenteilung, es reicht aber, indem hier Fragen der emotionalen und geistigen Entwicklung aufgeworfen werden, weit über dieses traditionelle Rollenbild hinaus. [...] Rahmengebend und konstitutiv für eine realistische Beziehung ist eine *gemeinsame Kultur*, ein gemeinsames Verständnis kultureller und gesellschaftlicher Werte.«

Man beachte: gemeinsam ist hier nicht ein »Vorverständnis«, sondern das »Verständnis«, aus dem im weiteren Text noch die »echte Verständigung« (S. 377) wird.

Thomä (1984) führt die Entstehung der Bündniskonzepte auf die Besonderheiten des ursprünglichen Übertragungsbegriffs zurück (S. 38f.):

»Gerade weil der alte, enge Übertragungsbegriff (als Wiederholung im Hier und Jetzt) eine Unterscheidung gegenüber der

Nicht-Übertragung (als innovative Beziehung im Hier und Jetzt) fordert, mußten komplementäre Begriffe geschaffen werden. Es handelt sich um die Begriffsfamilie ›fiktives Normal-Ich‹ (Freud 1937c), ›Ich-Spaltung‹ (Sterba 1934) oder – unter dyadischem Aspekt betrachtet – *›therapeutic and working alliance‹* (Zetzel 1958; Greenson 1965[a]).«

Das umfassende Übertragungsverständnis der heterogenen »Objektbeziehungspsychologie« sowie der Schule Melanie Kleins ist nach Thomä ebenso einer Korrektur zu unterziehen wie der ursprüngliche, eng gefaßte Übertragungsbegriff, der mit der Vorstellung verbunden war, die Übertragung entfalte sich spontan, naturwüchsig. (Thomä geht nicht bis zu Freuds früher Definition der Übertragung als falscher Verknüpfung zurück.) Die Möglichkeiten der Korrektur an beiden Übertragungsauffassungen sieht Thomä in dem »neuen Objekt«, das der Analytiker für den Patienten auch sei; erkenne man diese Bedeutung des Analytikers als neuen Objekts an, dann führe der Weg unvermeidlich »zur Anerkennung des Subjektes als Träger der theoriegeleiteten, teilnehmenden Beobachtung und Interpretation« (s. a. Thomä 1981, S. 27, 39ff.). Thomä differenziert (1984, S. 48f.; Hervorh. im Orig.):

»Die therapeutische Arbeit wird letztlich nicht vom neuen *Objekt* getragen, sondern von der Person, vom *Subjekt* des Psychoanalytikers, das durch seine Mitteilungen den Patienten gerade *nicht* wie ein Spiegel reflektiert. Durch seine Deutungen zeigt der Analytiker dem Patienten Schritt für Schritt, wie er ihn sieht, und ermöglicht ihm so, andere und neue Ansichten und Einsichten über sich selbst zu entwickeln und sein Verhalten zu ändern. Das neue Subjekt wirkt auf den Patienten innovativ.«

Im Praxisband ihres Lehrbuches der psychoanalytischen Therapie stützen sich Thomä und Kächele vor allem auf Luborskys Konzept der »hilfreichen Beziehung« und schreiben (1988, S. 39):

»Die Entfaltung der Arbeitsbeziehung und die Entwicklung der Übertragung können sich wechselseitig verstärken. Bei der Pflege der »hilfreichen Beziehung« – von Luborsky als ›helping alliance‹ bezeichnet – gedeihen sowohl die Arbeitsbeziehung wie auch die Übertragung.«

An anderer Stelle schreibt Thomä dem Arbeitsbündnis »eine innovative Funktion bei der therapeutischen Änderung« zu (1984, S. 39).

Wenn Thomä den Ort des therapeutischen oder Arbeitsbündnisses auch als »exterritorialen Haltepunkt« definiert, so weist er jedoch – im Gegensatz zu vielen anderen Autoren – darauf hin, daß damit sozusagen nur die Hälfte des Problems benannt sei (l. c.):

»Der ›exterritoriale Haltepunkt‹ außerhalb des ›übertragungsneurotischen Kampfplatzes‹ mag noch so neutral definiert werden: in Wirklichkeit beeinflußt der Psychoanalytiker als teilnehmender und die wahrgenommenen Phänomene interpretierender Beobachter die Übertragung und speziell die ›Übertragungsneurose‹ im höchsten Maße.«

Die andere Hälfte des Problems besteht also darin, ob der Analytiker seinen spezifischen Einfluß auf die Übertragungsphänomene nicht nur anerkennt, sondern in die Analyse einbezieht. Ich nehme an, daß die Position Thomäs mit derjenigen, die ich hier in bezug auf das Arbeitsbündnis vertrete, weitgehend übereinstimmt: Der »exterritoriale Haltepunkt« ist nichts Gegebenes im Sinne eines reservierten Platzes, den der Analytiker einnimmt und nicht verläßt, sondern auch er ist ein Ergebnis der Analyse, d. h. der Analytiker stellt sich diesen Haltepunkt wie auch seine Abstinenz jeweils neu her.[22] Die dazu erforderliche, spezifische Arbeit geht über die Wahrnehmung und Verwendung der Gegenübertragung hinaus, wenn der Analytiker sein Vorgehen im einzelnen in die Analyse der Übertragungsvorgänge einbezieht (vgl. Kapitel 4).

Zum Abschluß dieser Literaturübersicht wird dem Hinweis Thomäs auf Untersuchungen nachgegangen, die den Einfluß des therapeutischen und des Arbeitsbündnisses auf Verlauf und Ausgang der Behandlung empirisch gut belegen sollen (Thomä 1984, S. 49).

Was die Untersuchungen von Luborsky (1976, 1984) betrifft, so lassen sie bei genauerer Betrachtung wiederum die Unklarheiten erkennen, die sich aus einer künstlich-scharfen Unterscheidung von Übertragung und Bündnis ergeben. Das von Luborsky verwendete Instrumentarium zur Erfassung des »zentralen Beziehungskonfliktthemas« (*Central Core Relationship Theme: C. C. R. T.*) kann dieser postulierten Trennung von Übertragung und »übertragungsfreiem« Bündnis nicht gerecht werden. Der Befund, daß die Therapeuten derjenigen Patienten, die sich durch eine Behandlung

22 Vgl. Kapitel 7, S. 127.

bessern, stärker versucht haben, »hilfreiche Beziehungen« (*helping alliances*) zu entwickeln (Luborsky 1976, S. 110), ist mehrdeutig. Die für die Auswertung wichtige Häufigkeit von Hinweisen auf das Vorhandensein einer »Bindung«, die Verwendung von »Wir« u. ä. sind nicht spezifisch für bündnisbezogene Interventionen; sie könnten auch Bestandteil von Übertragungsdeutungen sein. In diesem Sinne ziehen Hartley und Strupp (1983) aus ihrer Untersuchung zum therapeutischen Bündnis in der Kurztherapie den Schluß (S. 34; Hervorh. im Orig.):

> »Vielleicht besteht die angemessene Schlußfolgerung darin, daß das therapeutische Bündnis, Rogers' (1957) ›*facilitative conditions*‹ vergleichbar, eine Reihe von Variablen bereitstellt, die zwar notwendig, aber keineswegs ausreichend für die Erklärung des therapeutischen Ergebnisses in bestimmten Fällen sind.«

Fassen wir zusammen. Auf der Seite der Befürworter des Arbeitsbündnisses (und des therapeutischen Bündnisses) läßt sich eine Linie erkennen, die von Freuds militärisch-strategischen Metaphern ausgeht (z. B. »daß wir uns mit dem Ich der Objektperson *verbünden*, um *unbeherrschte* Anteile ihres Es zu *unterwerfen*«), über Bibrings »*pädagogische Einflüsse*, die der Angstberuhigung, der Mäßigung der Abwehr, der Stärkung des vernünftigen Ichs usw. dienen«, zu Zetzels entwicklungspsychologisch begründetem Bündnis (»zur Herstellung eines guten Rapports und Linderung der Objektangst«) führt und bei Hani, der ein »*ständiges Überwachen* der Beschaffenheit des Bündnisses in jeder einzelnen Sitzung« verlangt, ihren Höhepunkt erreicht. Auf dieser Linie stehen Beeinflussung und Kontrolle der Übertragung im Vordergrund.

Die zitierten Kritiker des Arbeitsbündnisses beziehen sich entweder auf die schmale empirische Basis, die bei Greenson (und Zetzel) Grundlage des neuen Konzepts ist (z. B. Brenner 1979, S. 139f.; Spence 1982, S. 200f.), oder auf die Beeinträchtigung der Grundregel (Kanzer 1981). Die Grundlage von Friedmans Kritik (1969) verdient besonders hervorgehoben zu werden. Sie erfolgte unmittelbar nach der Einführung des Arbeitsbündnisses durch Greenson und liegt konzentriert in der Formulierung vor: »*The job of analyzing itself creates a hunger for cooperation.*« Mehr noch, Friedman stellt fest, daß dem Patienten mit Hilfe des Arbeitsbündnisses Bedürfnisse und Ziele zugeschrieben werden, die nicht die seinen, sondern die des Analytikers sind. Von besonderem Interesse ist auch noch die Art des Bündnisses, die sich bei Nunberg (1928, 1932) findet; sie wird von Gutheil und Havens (1979) als irrationales Bündnis charakterisiert. Wenn Nunberg sagt, der Kranke helfe sich selbst, indem er seinen Arzt in einen Gott verwandle oder indem der bewußte Genesungswunsch vom unbewußten Es unterstützt werde, dann meint er offensichtlich ein unbewußtes Bündnis, das die Behandlung ermöglicht und zeitweise vorantreibt.

Kapitel 7
Kritik des Arbeitsbündniskonzepts

Der Analytiker schließt das Arbeitsbündnis mit niemand anderem als sich selbst

Im ersten Teil dieser Untersuchung wurde die Annahme abgeleitet und formuliert, das weitverbreitete Konzept des Arbeitsbündnisses sei in dem Sinne kritisch zu prüfen, inwieweit es spezifisch zu einer Konventionalisierung des psychoanalytischen Verfahrens beiträgt und sich folglich in der psychoanalytischen Behandlung nicht vorteilhaft, wie seine Befürworter meinen, sondern eher nachteilig auswirkt.

Greenson beschrieb den Beitrag des Analytikers zum Arbeitsbündnis als »Beobachtung und Interpretation der Realität«; er setzte hinzu, der Patient werde zu einer »Identifizierung mit dieser Seite des Analytikers« aufgefordert. In den Ausführungen zum Verhältnis von Methode und Technik wurde deren Differenz dahingehend definiert, daß die Methode vorrangig sei und sich daher eine Verselbständigung technischer Empfehlungen verbiete. Unter diesem Gesichtspunkt stellt Greensons Formulierung, der Analytiker beobachte und interpretiere die Realität, eine Reduktion der psychoanalytischen Methode dar, die im Kontext des ich-psychologischen »Projekts«, die Psychoanalyse als allgemeine Psychologie zu konzipieren, zu sehen ist.

Ich habe darauf hingewiesen, daß es nicht haltbar ist, die psychoanalytische Situation als eine einfache Beobachtungssituation zu konzipieren. Präsenz und Aktivität des Analytikers sind die adäquaten Bedingungen dafür, wenn es um die Erkennung und Aufhebung intrapsychischer (und interpersoneller) Abwehrprozesse geht; die mit diesen Bedingungen einhergehende Komplexität der psychoanalytischen Situation ist nicht reduzierbar. Greensons Argumentation setzt zwar nicht unmittelbar an der Analyse als Beobachtungssituation an, aber es ließ sich der Schluß ziehen, daß seine Formulierungen sowohl zum Arbeitsbündnis als auch zur Übertragung eine Beobachtungssituation unterstellen, die der Komplexität der verschiedenen Teilprozesse in der psychoanalytischen Situation nicht gerecht wird.

Der Rückgriff auf ein entscheidendes konstitutives Moment der psychoanalytischen Situation, von mir als Außerkraftsetzen und Überschreiten von Konventionen charakterisiert, sollte vor Augen führen, was grundsätzlich in jeder Analyse zur Aufgabe des Analytikers gehört: *Der Analytiker stellt seine spezifische Kompetenz im Spannungsfeld von Übertragung und Konvention jeweils neu her.* Hinter der Bevorzugung und einseitigen Verwendung technischer Konzepte kann als wichtiges, unbemerktes Motiv das »konventionelle Entsetzen« stehen. Ich gehe von folgender Wechselwirkung aus: *Je mehr konventionelle Züge das psychoanalytische Verfahren annimmt, desto geringer werden seine spezifischen therapeutischen Möglichkeiten.*

Vor dem Hintergrund der Analyseverläufe, die im zweiten Teil der Untersuchung dargestellt sind, sowie der Literatur in Kapitel 6 soll die Annahme, das Arbeitsbündniskonzept bewirke eine Konventionalisierung des psychoanalytischen Verfahrens, zusammenfassend diskutiert werden.

Die beiden Analyseverläufe gleichen sich darin, daß Behandlungssituationen im Vordergrund stehen, die allgemein als schwierig angesehen werden. Schwierig heißt hier, daß der Analytiker eine Stagnation der Analyse feststellt. Greenson nahm an, ein ineffektives Arbeitsbündnis sei die Ursache dieser Analysehindernisse, und stellte sowohl den Beitrag des Patienten als auch den des Analytikers in Rechnung. Er verlieh dem Arbeitsbündnis eine außerordentliche Bedeutung, indem er es der Übertragungsneurose als »vollen und gleichgestellten Partner« gegenüberstellte. In meinen Kommentaren habe ich das jeweilige Vorgehen des Analytikers in den Vordergrund gerückt.

In beiden Berichten sind ähnliche Konstellationen des Patient-Analytiker-Verhältnisses festzustellen, auch wenn es im Bericht der Analyse von Herrn Z. Formulierungen Greensons gibt, wo er vom »gemeinsamen Arbeiten«, von »wir sollten« etc. spricht, während ich solche Formulierungen in der Analyse von Frau B. möglichst nicht verwendet habe. Die Gemeinsamkeit besteht darin: der Analytiker erwartet oder fordert, kurz gesagt, daß der Patient »richtig« arbeitet. Jedoch liegt der Unterschied zwischen Greensons Vorgehen und meinem darin, daß Greenson seine Erwartungen konkret in technische Forderungen umsetzte, wozu ihm das Arbeitsbündniskonzept als Legitimation diente, während ich beschrieben habe, wie ich das Insistieren auf der Grundregel einstellte, meine Erwartungen verarbeitete und auf diesem Weg zu bestimmten Deutungen kam.

Eine weitere Gemeinsamkeit der beiden Analysen besteht darin, daß sowohl Herr Z. als auch Frau B. dem Analytiker so erschienen, als hüteten sie Geheimnisse und enthielten ihm wichtige Phantasiebildungen vor. Bei Greenson wie auch bei mir konzentrierte sich die Erwartung, die zugleich als Einengung der gleichschwebenden Aufmerksamkeit gesehen werden muß, auf den Wunsch, den Patienten zur Preisgabe des Vorenthaltenen zu bringen. Die Verben »preisgeben« (im Orig.: *to divulge* oder *to expose*) und »eingestehen« (im Orig.: *to reveal*) kommen bei Greenson häufig vor. Ich zog z. B. das systematisch-einengende, auf den Charakterwiderstand zentrierte Vorgehen Reichs (1933) in Betracht, um Frau B. zur Preisgabe der von mir vermuteten Phantasien zu bringen.

Statt einer Wiederholung verschiedener Analysekonstellationen soll hier der unterschiedliche Umgang mit den »Patt«-Situationen in beiden Analysen zusammengefaßt werden.

Indem Greenson auf dem Arbeitsbündnis konkret insistierte, gewann letztlich er die Oberhand, und Herr Z. unterwarf sich. Ich möchte keinesfalls bestreiten, daß Herr Z. in seiner Analyse viele Einsichten gewinnen konnte; hier kommt es mir auf die Feststellung an, daß ich in dem Verlauf der Analyse von Herrn Z. keine Stelle finden konnte, die zeigte, daß folgender »unbewußter Pakt« bewußtgemacht wurde: *Herr Z. wird von Greenson in einer Position der Unterwerfung gehalten.* Greenson übernimmt unreflektiert die aktive Rolle, indem er auf dem Arbeitsbündnis insistiert; er gibt damit vor, was eine »richtige« Analyse sei, und Herr Z. unterwirft sich diesem Vorgehen, wenn er sagt: »Ja, ich muß akzeptieren, daß ich alle meine Toilettenphantasien preisgeben muß, wenn ich eine ordentliche Analyse machen will.«

Zwischen Herrn Z. und Greenson besteht eine Verstrickung im Sinne gemeinsamer Abwehr *und* Befriedigung, eine Form der Abwehr, für die nach Mentzos (1976) charakteristisch ist, daß die neurotische, intrapsychische Abwehr in der Realität verankert wird. Mentzos schreibt (o.c., 2. Aufl., S. 26):

»Als interpersonale Abwehrkonstellationen bezeichnen wir solche interaktional organisierten Formen der Abwehr, bei denen reale Verhaltensweisen, Eigenschaften, Handlungen und Reaktionen des einen Partners die neurotische Konfliktabwehr oder die neurotische kompromißhafte Befriedigung von Bedürfnissen des anderen Partners ermöglichen, fördern und stabilisieren. Oft ist der Vorgang reziprok, so daß nun auch die Abwehr des ersten Partners durch den zweiten gefestigt wird. Dies setzt freilich eine Komplementarität neurotischer Verhaltensweisen voraus, die schon spontan keineswegs selten ist, die aber häufiger noch durch Rollenzuweisung, Delegation, unbewußte Verführungen und Provokationen sekundär (unbewußt-manipulativ) hergestellt werden kann. [...] In Unterscheidung von den intrapsychischen Abwehrmechanismen ist für die interpersonalen Abwehrkonstellationen charakteristisch, daß hier der Partner nicht nur als psychische Repräsentanz, sondern als reale Person mit realem Verhalten in die Abwehrorganisation eingebaut ist.«

Aus der Perspektive einer interpersonalen Abwehrkonstellation können technische Fehler des Analytikers nicht mehr als singuläre Ereignisse gesehen werden, wie Greenson bei seiner Darstellung der Stundensequenz, die auch die Traumanalyse enthält, annimmt; sie sind vielmehr als anhaltende Beeinträchtigung des psychoanalytischen Verfahrens zu betrachten.

In der Analyse von Frau B. finden sich Beispiele für einen mehr oder weniger lang anhaltenden Handlungsdialog (Klüwer 1983). Der Unterschied zwischen Handlungsdialog und interpersonaler Abwehrkonstellation ist lediglich ein quantitativer, keiner in der Psychodynamik: ersterer ist weniger verfestigt als letztere. Ich versuchte zu zeigen, wie ich das gemeinsame Agieren auf der Ebene von Verfahrensfragen erkannte und in Deutungen umsetzte, z. B.: »Wenn ich schweige, fürchten Sie, daß Sie mich zu sehr bedrängt haben« oder: »Sie meinen, ich mache Ihnen mit meinen Interpretationen Vorwürfe, weil Sie glauben, daß Sie mich zu sehr angegriffen haben.« So konnte ich die Vorstellung entwickeln, daß Frau B. und ich in das folgende *unbewußte Bündnis* geraten waren: Frau B.

stellte in der Analyse das Negativbild der Hysterie dar, während ich mich in meinen Phantasien dem expressiven Pol des hysterischen Konfliktmodus annäherte, dem Positiv. Im Rahmen des Konfliktmodells läßt sich diese Analysesituation so beschreiben: Frau B.s Verarbeitungsmodus des Konflikts (Mentzos 1982) hatte sich in der Analyse aktualisiert; die polarisierten Positionen von Positiv- und Negativbild entsprachen dem intrapsychischen Konflikt von Frau B., wie er sich im Verlauf ihrer Entwicklung verfestigt hatte, indem die Konfliktanteile polarisiert blieben. Es ist zu vermuten, daß der aktualisierte Konflikt, hätte ich weiterhin unreflektiert auf der Einhaltung der Grundregel insistiert, in einem interpersonellen Arrangement gleichsam geronnen wäre, mit Auswirkungen, die Frau B. aus anderen Beziehungen vertraut waren, z. B. aus der Beziehung zu ihrem Freund, in der anstehende emotionale Auseinandersetzungen in der Form von »Verfahrensfragen« geführt wurden: wie geht es mit der Beziehung überhaupt weiter, wann und wo sieht man sich? etc.

Soweit läßt sich ein erstes Ergebnis formulieren: *Soll sich der Widerspruch zwischen Grundregel und Arbeitsbündnis produktiv für die Analyse auswirken, dann darf der Analytiker auf keinem von beiden konkret insistieren.* Besteht der Analytiker jedoch auf *seiner* Vorstellung vom Arbeitsbündnis (oder der Grundregel), dann stellt sich eine *erneute Verfestigung des aktualisierten Konfliktgeschehens* ein, worin der Ansatz eines interpersonellen Arrangements zu sehen ist, das mit der von G. Fischer (1987) beschriebenen »paradoxen Verkehrung von Es- und Über-Ich-Tendenzen, von Wollen und Sollen, von Wunsch und Pflicht«, die ich im Kommentar zur Analyse von Frau B. bereits erwähnte, strukturell näher bestimmt werden kann.

Die von mir bei der nachträglichen Interpretation der beiden Analysebeispiele verwendete Annahme, es bilde sich ein *unbewußter Pakt* aus, der zum Hindernis der Analyse werden kann, führt zur Frage, inwieweit ein solcher Pakt mit dem Konzept des »gescheiterten Bündnisses« (*misalliance*) von Langs (1975) übereinstimmt. Ich sehe folgenden Unterschied: das »gescheiterte Bündnis« hat die Vorstellung von einem gelungenen Bündnis, wenn nicht zur Voraussetzung, so doch mindestens als Kontrast. Wenn der Analytiker sich häufig zwischen den Vorstellungen von Gelingen und Scheitern bewegt, engt das seine Reflexion ein, weil sein Erkenntnisinteresse von einer starren Kategorie der Bewertung dominiert und eingeschränkt wird. Der Unterschied zwischen Greenson und Langs besteht lediglich in einer Verlagerung der positiven bzw. negativen Bewertung. Langs stellt gelingendes und scheiterndes Bündnis in der gleichen Weise einander gegenüber wie Greenson das Arbeitsbündnis und die Übertragung. Neyraut hat die Herkunft der positiven Bewertung vor dem Hintergrund seiner These, daß die Gegenübertragung der Übertragung vorausgehe, aufgezeigt und von daher das Konzept eines Bündnisses im Dienste der Analyse kritisiert (1976, S. 222; Hervorh. H. D.):

> »Das Bündnis, das notwendig auf der positiven Übertragung und der positiven Gegenübertragung gründet, verdankt seine Positivität nur der Übereinstimmung. Es läßt sich nun vorstellen, daß dieses Einverständnis die Keime eines bösen Endes in sich birgt. [...] Denn *das Bündnis läßt sich nur als Einverständnis auf derselben Seite des Widerstandes begreifen*, und genau dies ist die sicherste Verführung, bei der sich der Analytiker und sein Patient in der Tat auf derselben Seite der Barriere wiederfinden, um gegen die Aufdeckung des Sinns Widerstand zu leisten.«

Aber nicht nur die positive, sondern auch die negative Bewertung beruht auf einem Einverständnis. Wenn z. B. der Analytiker die Übertragung nicht nur für sich, sondern auch dem Patienten gegenüber als »Abwasser« und »Vergewaltigungsversuch« veranschaulicht[23], dann nimmt er seine Definitionsmacht buchstäblich wahr und legt die Bewertungen von negativ und positiv fest. Auch wenn er bewußt ein Einverständnis mit dem Patienten im Dienste der Analyse bewirken möchte, trägt er meiner Auffassung nach mit diesem konkreten Vorgehen zu einem unbewußten Pakt gegen die Analyse bei. Ich hebe ausdrücklich hervor, daß ein solches Nebeneinander von bewußtem Einverständnis und unbewußtem Pakt nicht der Ausdruck eines falschen Vorgehens ist, sondern mit der Etablierung der analytischen Situation einhergeht und die Praxis der Analyse sozusagen auf Schritt und Tritt begleitet. Nicht gegen die Entstehung dieses Nebeneinanders und Gegeneinanders richtet sich meine Kritik; sie zielt auf Konzepte der Praxis, hier des Arbeits-

23 Vgl. Kapitel 4, S. 68 f.

bündnisses, ab, die eine Reflexion gegenläufiger Prozesse eher hemmen als fördern.

In der Analyse von Herrn Z. bildeten sich zwei Ebenen des Bündnisses aus: eine offizielle oder manifeste Ebene, auf der Greenson feststellte, wann bei Herrn Z. ein effektives Arbeitsbündnis bestand und wann nicht; daneben eine inoffizielle oder latente Ebene, auf der Analytiker und Patient sich »auf derselben Seite der Barriere wiederfinden, um gemeinsam gegen die Aufdeckung des Sinns Widerstand zu leisten«, wie Neyraut sagt. Auf der latenten Ebene hatte Greenson eine aktive Rolle eingenommen und hielt Herrn Z. in einer Position der Unterwerfung.

Die Analyse von Frau B. ist ein gutes Beispiel dafür, wie das hier kritisierte Vorgehen nur die ohnehin schon vorhandene »Spezialisierung« der Patientin auf Verfahrensfragen förderte. Zu dieser manifesten Ebene bildete sich eine latente aus, die an den hervorgehobenen Behandlungsabschnitten, der Analysesituation vor und nach dem Schwangerschaftsabbruch und der Stunde mit dem Traum vom Vogel im Karton, deutlich wird. Was im Sinne von Greenson auf der manifesten Ebene wie ein unzulängliches Arbeitsbündnis aussieht, besteht auf der latenten Ebene in einem besonderen Einvernehmen. Die »Inkooperation« der manifesten Ebene widerruft die latente Inkorporation. Der triebbestimmte Zirkel, in dem Frau B. gefangen ist, schließt sich zwischen Verweigerung auf der bewußten und Einverleibung auf der unbewußten Ebene. Indem ich zeitweise auf der Grundregel insistierte oder bei der allgemeinen Feststellung eines Widerstandes stehenblieb, nahm ich die Position einer »Gegen-Verweigerung« ein, womit ich unreflektiert die Gefährlichkeit des latenten Einvernehmens bestätigte, auch wenn ich auf der manifesten Ebene Frau B. aufforderte oder ermutigte, alles zu sagen. Während des Schwangerschaftsabbruchs erarbeitete ich mir eine Vorstellung vom unbewußten Pakt zwischen Frau B. und mir, so daß es mir im darauffolgenden Abschnitt der Analyse gelang, mich von meinem Bündnisanteil zu distanzieren. Ich gehe davon aus, daß Frau B., obgleich sie inhaltlich nichts von meinen Überlegungen erfuhr, bemerkte, daß ich eine andere Position eingenommen hatte; ich meine die entspanntere Verfassung, in die ich durch meine Arbeit an der Analysesituation gelangt war.

Die Stunde mit dem Traum vom Vogel im Karton zeigt, daß

Frau B. nicht nur die Identität von Handlungsverzögerung im Traumerlebnis und triebbestimmtem Zögern im Übertragungsverhältnis zu sehen begann, sondern daß es ihr auch gelungen war, im Traum ihren Anteil am unbewußten Bündnis auf die Ebene einer psychischen Darstellung zu bringen. Was ich in dieser Analysestunde pragmatisch als Fortschritt auffaßte, läßt sich theoretisch als *psychische Verarbeitung* fassen.[24] Der Schwangerschaftsabbruch hatte sicherlich die Bedeutung einer psychischen Trennung, auch wenn die symbolische Verarbeitung fehlte. Frau B. hatte ein Stück psychische Trennung so vollzogen, wie sie es damals vermochte. In der dargestellten Stunde fand wiederum eine psychische Trennung statt; jetzt wurde der Konflikt mit Hilfe der symbolischen Darstellung umfangreicher erlebt und verarbeitet.

Die Frage liegt nahe, warum ich das, was sich auch als Verhältnis von Übertragung und Gegenübertragung abhandeln ließe, in die Sprache von manifester und latenter Bündnisebene bringe. Ich möchte dies damit begründen, daß ich so ein spezifisches Moment akzentuieren kann, das der Traumtheorie entnommen ist und der klinischen Situation gleichsam mehr Tiefe im Sinne des Gegensatzes von bewußt und unbewußt gibt: auf der latenten Ebene herrscht *Wahrnehmungsidentität*[25], hier ist der Einverleibungswunsch *psychische Realität*, und die Analysesituation wird so wahrgenommen, als sei der Einverleibungswunsch, vergleichbar dem infantilen Wunsch im Traum, befriedigt; dagegen ist der Einverleibungswunsch auf der manifesten Ebene psychische *Möglichkeit*, er wird symbolisiert, gedacht und benannt.

Der unbewußte Pakt ist ein unreflektiertes Bündnis wechselseitiger Willfährigkeit; sein Zustandekommen ist unvermeidlich, und nicht selten besteht er schon zusammen mit der Vereinbarung einer

24 Vgl. Freud (1893h, S. 193; Hervorh. H. D.):
»Wenn also die Reaktion auf das psychische Trauma aus irgendeinem Grunde unterbleiben mußte, behält dasselbe seinen ursprünglichen Affekt, und wo sich der Mensch des Reizzuwachses nicht durch ›Abreagieren‹ entledigen kann, ist die Möglichkeit gegeben, daß das betreffende Ereignis für ihn zu einem psychischen Trauma wird. *Der gesunde psychische Mechanismus hat allerdings andere Mittel, den Affekt eines psychischen Traumas zu erledigen, auch wenn die motorische Reaktion und die Reaktion durch Worte versagt ist, nämlich die assoziative Verarbeitung, die Erledigung durch kontrastierende Vorstellungen.*«

25 Siehe Freud (1900a), S. 571, 607.

Analyse. Ich nehme auch an, daß der unbewußte Pakt neben der Kindheitsneurose gleichsam den zweiten Kern oder Kristallisationspunkt der Übertragungsneurose bildet. Im Grunde macht die Annahme eines unbewußten Paktes erst richtig verständlich, warum das Konzept eines bewußten, rationalen Bündnisses auch schon bestand, bevor es in seiner Ausformung als therapeutisches oder Arbeitsbündnis definitive Gestalt annahm und breite Anerkennung fand.

Ich bestreite keineswegs die Notwendigkeit von rationalen Prozessen in der Analyse und klage schon gar nicht Emotionalität im Sinne einer antirationalen Haltung ein. Meine Ergebnisse weisen in eine andere Richtung. *Das rationale Bündnis verdankt sich einem »konventionellen Entsetzen«: der beim Analytiker Angst und Schuldgefühle freisetzenden Ahnung, daß sich zwischen ihm und dem Patienten genau das Verhältnis wechselseitiger Willfährigkeit etabliert, das den Patienten in die Analyse brachte. Der Appell, den der Analytiker mit dem rationalen Bündnis an den Patienten richtet, wirkt angesichts dieser Gefahr wie eine Negation derselben.* Da aber die gesamte Analysesituation schon auf Möglichkeiten des Verarbeitens, auf Nacherleben, Erinnern, Phantasieren etc. angelegt ist, erweist sich das rationale Bündnis letzten Endes als Tautologie, die beim therapeutischen und beim Arbeitsbündnis zu einem Konzept überhöht wird. Die Betonung des rationalen Bündnisses läuft auf die Aussage hinaus: nimm dich zusammen.[26]

Die im vorausgegangenen Kapitel versammelten Literaturzitate legen ein beredtes Zeugnis von der Häufung identischer und sinngleicher Ausdrücke ab, z. B. bei Ticho und Ticho (1969, S. 22; Hervorh. H. D.): »Derjenige Teil der Beziehung [des Patienten] zum Analytiker, in dem der *Analytiker* als *Analytiker* in seiner *analysierenden* Funktion erlebt wird, kann als Behandlungsbündnis bezeichnet werden«; Paolino (1981) kombiniert »therapeutisches« Bündnis, »narzißtisches« Bündnis und »reale« Beziehung als Gegenstücke zur Übertragung; bei Greenson heißt es in seiner Erwei-

26 In »Jargon der Eigentlichkeit« kritisiert Adorno (1964) Heideggers Formulierungen von der »Bezeugung des eigenen Daseins« und daß sich die Freiheit »in die Bindung eines höchsten Befehls« stelle; er faßt zusammen (S. 107): »Außer der Tautologie schaut bloß noch der Imperativ heraus: nimm dich zusammen.«

terung des Arbeitsbündnisses zur »realen Beziehung« (1971, S. 367; Hervorh. H. D.): »Ich werde die Bezeichnung ›*reale* Beziehung‹ nur dann verwenden, wenn ich ›*echt*‹ und ›*realistisch*‹ meine«; Bräutigam (1988), der ebenfalls das Arbeitsbündnis in einer »realistischen Beziehung« verankert, reiht Verstehen, Verständnis, gemeinsame Kultur und echtes Verständnis aneinander. Diese Beispiele ließen sich noch vermehren, reichen jedoch aus, um folgenden Eindruck zu belegen: *Rationalität und Realität werden beschworen, aber nicht in psychoanalytischem Sinn definiert.*

Der spezifische Akzent, den Greenson mit seinem Bündniskonzept auf Arbeit setzt, läßt erwarten, es werde eine ausführliche Darstellung des verwendeten Arbeitsbegriffs gegeben. Greenson enttäuscht diese Erwartung, wie die bisher zitierten Formulierungen zum Arbeitsbündnis zeigen. Auch in seinem Artikel über das Durcharbeiten wiederholt er seine Auffassung, ohne Neues hinzuzufügen (1965b, S. 221):

> »Die durch die Übertragungsneurose gewonnenen Erkenntnisse können nicht richtig durchgearbeitet, d. h. integriert und assimiliert werden, ohne daß ein Arbeitsbündnis errichtet und aufrechterhalten wird.«

Greenson unterscheidet das Durcharbeiten von der »eigentlichen analytischen Arbeit« (o. c., S. 184):

> »Das Durcharbeiten bezweckt, Einsicht effektiv zu machen, d. h. signifikante und bleibende Veränderungen beim Patienten zu bewirken. Indem wir die Einsicht zum Angelpunkt machen, können wir zwischen Widerständen unterscheiden, die Einsicht verhindern, und Widerständen, die es der Einsicht unmöglich machen, Veränderungen herbeizuführen. Die analytische Arbeit an der ersten Serie von Widerständen ist die eigentliche analytische Arbeit – sie hat keine besondere Bezeichnung. Die Analyse jener Widerstände, die die Einsicht daran hindern, Veränderungen herbeizuführen, ist das Durcharbeiten.«

Da das Durcharbeiten wiederum in Abhängigkeit von einem effektiven Arbeitsbündnis gesehen wird, gelangt Greenson zu der Auffassung, es bedürfe »einiger wesentlicher Maßnahmen«, um das Durcharbeiten zu ermöglichen. Verwunderlich ist das nicht; auch bei der Herstellung des Arbeitsbündnisses sind Maßnahmen wie Appelle an die Mitarbeit etc. erforderlich. In ähnlicher Weise wie

Brenner (1979) früher das Arbeitsbündniskonzept kritisiert hatte, weist er, was Greensons Auffassung vom Durcharbeiten angeht, dessen Vorstellung zurück, es gehe um ein spezielles Moment, das der Analyse der Übertragung hinzuzufügen sei (1987, S. 103; Hervorh. im Orig.):

»Das Durcharbeiten ist keine bedauerliche Verzögerung im Prozeß der Analyse. Es *ist* Analyse. Es ist die deutende Arbeit, die nach Freud (1914 g) zu wertvollen Einsichten und verläßlicher anhaltender therapeutischer Veränderung führt. Es ist nicht an eine bestimmte Komponente des psychischen Konflikts oder der psychischen Funktion mehr gebunden als an andere. [...] Die Analyse des psychischen Konflikts in allen seinen Aspekten ist das, was man Durcharbeiten nennen sollte.«

Greenson hatte Herrn Z. in seinen Ausführungen über das Durcharbeiten erneut zum Beispiel genommen und mit einem phobischen Patienten verglichen: wie letzterer zum Aufsuchen der ängstigenden Situation ermutigt werden müsse, so habe er Herrn Z. darin bestärkt, schon vorhandene Einsichten zu akzeptieren. Was Greenson als ein Defizit auf seiten des Patienten sieht, wodurch besondere Hilfestellungen oder Maßnahmen nötig werden, sieht Brenner als Symptom oder Kompromißbildung, deren Analyse keines über die Deutung hinausgehenden speziellen Vorgehens bedarf.

Die Feststellung, der Arbeitsaspekt des Greensonschen Bündnisses sei unbestimmt und eine spezifisch psychoanalytische Arbeitsvorstellung fehle, läßt sich als weiteres Ergebnis dieser Untersuchung präzisieren: *Die Arbeit, die Greenson meint, hängt mit speziellen, nichtanalytischen Maßnahmen zusammen.* Greensons Arbeitsbündniskonzept bietet sich also nicht nur an, jeweils mit konventionellen Zielsetzungen aufgefüllt zu werden, sondern ist selbst schon konventionell im Sinne von Psychotechnik. Zunächst mag diese Zuspitzung übertrieben erscheinen. Konfrontiert man jedoch Greensons Arbeitskonzept mit den Arbeitsbegriffen der psychoanalytischen Theorie, dann fällt eine enorme Diskrepanz auf. Da es den Rahmen dieses abschließenden Kapitels sprengen würde, eine ausführliche Darstellung des Arbeitsbegriffs bei Freud und späteren Autoren zu versuchen, beschränke ich mich auf einige Hinweise zur Traumarbeit.

Indem Freud dem Träumen einen Arbeitscharakter verlieh, setzte er sich über eine herrschende wissenschaftliche Konvention hinweg, die Auffassung nämlich, Träume seien nicht deutbar. Freud weist zwar auf die eingeschränkte Brauchbarkeit vorhandener Deutungsverfahren, der symbolischen Deutung und der Chiffriermethode hin, geht jedoch mit Hilfe dieses Laienwissens über die herrschende wissenschaftliche Auffassung hinaus (1900a, S. 104):

»Ich habe einsehen müssen, daß hier wiederum einer jener nicht seltenen Fälle vorliegt, in denen ein uralter, hartnäckig festgehaltener Volksglaube der Wahrheit der Dinge näher gekommen zu sein scheint als das Urteil der heute geltenden Wissenschaft. Ich muß behaupten, daß der Traum wirklich eine Bedeutung hat, und daß ein wissenschaftliches Verfahren der Traumdeutung möglich ist.«

Das Vordringen des naturwissenschaftlichen Verfahrens im 19. Jahrhundert hatte die Geltung von Laienwissen, bei Freud »Volksglaube«, herabgesetzt. Freuds wissenschaftlicher Zugang zum Traum stellt ein Stück »Dialektik der Aufklärung« (Horkheimer und Adorno 1947) dar; er setzte aufklärerisch am Volksglauben über den Traum an, der von der Aufklärung »verdrängt« worden war, und verlieh diesem Wissen, indem er es in den Kontext seiner Assoziationsmethode stellte, neuen wissenschaftlichen Wert. Dieses Vorgehen erinnert daran, wie es ihm gelang, einen »widrigen Umstand« in der Behandlungssituation *nicht* mit »konventionellem Entsetzen« zu beantworten (vgl. Kapitel 3, S. 36f.), sondern dieses Ereignis, das einen Bruch mit der herrschenden moralischen Konvention bedeutete, unerwarteterweise in den Rang eines Phänomens »allgemeiner Natur« zu erheben.[27]

In den »Studien über Hysterie« hatte Freud (1895d, zusammen mit Breuer) die Aufgabe des Therapeuten darin gesehen, den Assoziationswiderstand durch »psychische Arbeit« zu überwinden. Er nahm an, daß der Assoziationswiderstand mit jener psychischen Kraft identisch sei, die bei der Symptomentwicklung mitgewirkt hatte (S. 269):

27 Das Motto der Traumdeutung: »*Flectere si nequeo superos, Acheronta movebo*«, der Äneide Vergils (VII, 312) entnommen, kann durchaus als Anspielung auf den Bruch mit Konventionen aufgefaßt werden. In einem Brief an Fließ erklärte Freud, das Motto stelle einen Hinweis auf die Verdrängung dar (1985c, S. 396).

»Also eine psychische Kraft, die Abneigung des Ich, hatte ursprünglich die pathogene Vorstellung aus der Assoziation gedrängt und widersetzte sich ihrer Wiederkehr in der Erinnerung.« Auch bei dem Versuch, die eigenen Träume zu analysieren, stellte sich der Assoziationswiderstand ein. Hier schloß Freud wiederum von diesem Widerstand ausgehend auf die psychische Arbeit, die zur Traumbildung gehöre. Sein Begriff der Traumarbeit bezieht sich auf den psychischen Prozeß, durch den die Traummaterialien (körperliche Reize, Tagesreste und latente Traumgedanken) in den manifesten Trauminhalt umgewandelt werden. Dabei werden vier Mechanismen wirksam: die *Verdichtung* des Traummaterials, die *Verschiebung* von Besetzungen, die *Rücksicht auf Darstellbarkeit* (Auswahl und Umwandlung der Traumgedanken, damit sie in Bildern vorgestellt werden können) und die *sekundäre Bearbeitung*.

Die geltende wissenschaftliche Auffassung, der Freud widersprach, hatte die Träume auf eine herabgesetzte Hirntätigkeit zurückgeführt und als Defizitphänomene erscheinen lassen. Im Gegensatz dazu erscheint Freuds Begriff der Traumarbeit in dem Sinne emanzipativ, als er einen psychischen Arbeitsvorgang nachweisen konnte, der sich von den psychischen Prozessen des Wachlebens nur wenig unterschied.

An dieser Stelle will ich einen Vergleich von Traum und Übertragung skizzieren, der mir für die Zusammenfassung meiner Kritik wichtig erscheint. Zwar hat die Traumdeutung im Sinne einer konkreten Technik ihre Sonderstellung als *via regia* zum Unbewußten eingebüßt; allerdings wäre diese Einbuße reichlich aufgewogen, wenn die Traumdeutung als Paradigma des Umgangs mit der Übertragung anerkannt würde. Es kommt dem bildhaften Darstellungsmodus des Träumens durchaus nahe, wenn man die psychoanalytische Situation als Szene auffaßt, wie Lorenzer schreibt, »als dramatische Realität, die als sinnvolle Realität [...] begriffen werden kann, sobald ihr ›Sinn‹ bewußtgemacht wird« (1970, S. 137). Dies erinnert an Freuds Formulierung, der Traum dramatisiere eine Idee mit Hilfe von Bildern (1900a, S. 53). Das Moment der Dramatisierung kommt ebenfalls zum Ausdruck, wenn Freud die jeweils aktuelle Situation der Traumbildung berücksichtigt (o. c., S. 241):

»Der Traum [genauer die Traumarbeit, H. D.] kann aber nicht

anders als einen Wunsch in einer Situation als erfüllt darstellen; er ist gleichsam vor die Aufgabe gestellt zu suchen, welcher Wunsch durch die nun aktuelle Sensation [Körperempfindung, »Leibreiz«; H. D.] als erfüllt dargestellt werden kann.«

Ersetzt man in diesem Zitat Traum bzw. Traumarbeit durch Übertragung und setzt die Traumsituation mit der Analysesituation gleich, dann wird deutlich, daß zwischen Traum und Übertragung eine spezifische Analogie besteht. Beide sind psychische Realitäten in dem Sinne, daß die bewußten Inhalte von Traum und Übertragung Wunsch*erfüllungen* darstellen und die *Motive* dieser Wunscherfüllungen unbewußt bzw. entstellt sind. Auch wenn es weithin üblich geworden ist, den Übertragungsbegriff in eine Beziehungstheorie einzubetten, will ich hier die Behauptung aufstellen, daß es sinnvoller ist, den Übertragungsbegriff mit dem Arbeitsbegriff zu verknüpfen. Ich möchte also von Übertragungs*arbeit* sprechen, auch wenn dies bislang meines Wissens noch nicht geschehen ist; gemeint ist die Arbeit der Bedeutungsübertragung. Zu meiner Behauptung gehört außerdem die Annahme, daß an der Herstellung der falschen Verknüpfung bei der Übertragung dieselben Mechanismen wie bei der Traumarbeit beteiligt sind. Die in der Praxis gelegentlich hilfreiche Vorstellung, eine bestimmte Folge von Einfällen eines Patienten so zu betrachten, als werde ein Traum geschildert, könnte auf ein intuitives Erfassen der Traummechanismen zurückgehen. Lewin (1955, S. 290) trieb seinen Vergleich zwischen der Psychologie der Traumvorgänge und der psychoanalytischen Situation bis an den Punkt, daß er nicht nur Traumbildung und Analysebildung (*analysis formation*) analogisierte, sondern auch den Analytiker als Übertragungsfigur mit den Tagesresten gleichsetzte.

Mit der Theorie des Traumes, insbesondere dem Begriff der Traumarbeit, gelang es Freud, bislang sinnlos erscheinende Phänomene wie Träume und psychische Symptome, aber auch den als bloße Natur aufgefaßten Trieb in der Kategorie psychischer Arbeit darzustellen. Zur Ergänzung erinnere ich an Freuds Definition, in der Trieb und Arbeit verknüpft sind (1915c, S. 214; Hervorh. H. D.):

»Wenden wir uns nun von der biologischen Seite her der Betrachtung des Seelenlebens zu, so erscheint uns der ›Trieb‹ als ein *Grenzbegriff* zwischen Seelischem und Somatischem, als *psychi-*

scher Repräsentant der aus dem Körperinnern stammenden, in die Seele gelangenden Reize, als *ein Maß der Arbeitsanforderung*, die dem Seelischen infolge seines Zusammenhanges mit dem Körperlichen auferlegt ist.«

Nach meiner Auffassung ist Arbeit, psychoanalytisch »vom Seelenende dieser Welt« her untersucht (Freud 1985c, S. 294), die zentrale Dimension des Psychischen, vor allem weil Arbeit auch unbewußt stattfindet. Das vorausgegangene Zitat sollte zeigen, daß die »Arbeitsanforderung« über das quantitative Moment hinaus in symbolischer Vermittlung, also in psychischer Repräsentation besteht. Unbewußtes, Traum und Trieb sind Begriffe, deren Gemeinsames die Vorstellung von psychischer Arbeit bzw. Verarbeitung ist. Die Psychoanalyse sieht Trieb und Unbewußtes nicht mehr als »vorgesellschaftlichen Urgrund individueller Akte« oder »pure, innere Natur«, sondern hergestellt in spezifischen Verhältnissen (vgl. Busch 1985, S. 223ff.), die sich im Individuum als psychische Strukturen niederschlagen. Die psychischen Strukturen wiederum können als Formen psychischer Verarbeitung aufgefaßt werden, die relativ festgelegt sind.

Vom hier in Erinnerung gerufenen Arbeitsbegriff ist bei Greenson sowohl der Übertragungsbegriff als auch das Arbeitsbündniskonzept weit entfernt. An Greensons Übertragungsdefinition fällt auf, daß die Übertragung erstens zumeist in der Zusammensetzung von Übertragung und *Reaktion* erscheint (*transference reaction*) und daß sie zweitens, über ihren Wiederholungscharakter hinausgehend, als *unangemessen* charakterisiert wird. Beide Aspekte, der erste mehr dem Reiz-Reaktionsschema, der zweite mehr dem deskriptiv-klassifizierenden psychiatrischen Vorgehen verpflichtet, begünstigen wiederum den Eindruck, die Übertragung sei beobachtbar. Indem jedoch die Übertragung als beobachtbar, reaktiv und hinsichtlich ihrer Angemessenheit als beurteilbar angesehen wird, verschiebt sich auf seiten des Analytikers der Akzent seiner Arbeit vom »Erraten« und »Übersetzen« der Sinnzusammenhänge zum »Handhaben« von »Reaktionen«. Die psychische Arbeit der Übertragung findet keine Berücksichtigung. Als Reaktion, noch dazu unangemessene, verliert die Übertragung gleichsam die Achtung, die man ihr entgegenbrächte, faßte man sie als psychische Arbeit auf. Dagegen wird das rationale Bündnis zwischen Analytiker und Patient mit Arbeitsaspekten ausgestattet, die in ihrem Appell- und Ordnungscharakter nicht nur eine Karikatur des psychoanalytischen Arbeitsbegriffs darstellen, sondern auch die Abkehr von demselben bedeuten. Das in den Vordergrund tretende Beobachten und Beurteilen ist ein schlechter Kompromiß, der in der Ich-Psychologie schon vorgebildet war. Man kann sagen, daß die Ich-Psychologie den psychoanalytischen Arbeitsbegriff in zweierlei Weise buchstäblich zerteilt und aufgelöst hat: zum einen durch ihre vielfältige Schöpfung energetisch definierter Konzepte – nach Drews und Brecht (1975, S. 248) der Versuch, die postulierte Unabhängigkeit des Ichs vom Trieb zu belegen; zum anderen in der Orientierung am Problem der Anpassung. Für mein Thema ist entscheidend, daß der ursprüngliche Arbeitsbegriff verschwand und gleichzeitig der naturwissenschaftliche Beobachtungsbegriff an Einfluß gewann; letzterer berücksichtigt jedoch nicht die Spezifität psychoanalytischer Beobachtungen.[28]

Greenson, der überwiegend klinische Arbeiten verfaßt hat und, wie überliefert wird, leidenschaftlich als psychoanalytischer Lehrer tätig war, trug sicherlich mit zur Entfaltung der ich-psychologischen Orthodoxie bei. Dennoch können sein Arbeitsbündniskonzept sowie seine späteren Äußerungen über die »reale Beziehung« zwischen Analytiker und Analysand auch als Kompromißbildungen gesehen werden. Zwar vertrat Greenson die eben beschriebene Auffassung der Übertragung, aber er versuchte offensichtlich in die zunehmende Erstarrung des psychoanalytischen Verfahrens – die nach meiner Auffassung notwendigerweise entstehen mußte, als man die psychoanalytische Situation mit einer Beobachtungssituation gleichsetzte und die Übertragung auf eine »unangemessene Reaktion« reduzierte – Bewegung zu bringen, indem er einem verkürzten Übertragungsbegriff das Arbeitsbündnis gegenüberstellte. Die Tatsache allein, daß es sich hier um eine Kompromißbildung handelt, reicht jedoch nicht aus, dem Konzept zuzustimmen, zumal es um einen schlechten Kompromiß geht, was sich im Beibehalten des reduzierten Übertragungsbegriffs und dem konventionellen Gehalt des Bündniskonzepts ausdrückt.

Die Hoffnung scheint nicht berechtigt, daß therapeutisches und

28 Vgl. Kapitel 2.

Arbeitsbündnis als Folge ausführlicher Kritik nicht mehr zu den Konzepten der Behandlungstheorie zählen werden. Erstens können sich beide Konzepte gegenseitig stützen; zweitens hat Langs mit dem Konzept des »gescheiterten therapeutischen Bündnisses« ein drittes hinzugefügt, das die vorausgegangenen Konzepte mit am Leben halten kann (vgl. Spence 1982). Vor allem aber werden, wenn der Hinweis von Friedman (1969) zutrifft, Bündniskonzepte gebraucht, um den »Hunger nach Zusammenarbeit« des Analytikers zu legitimieren – und zu befriedigen.

Die Entfaltung der Ich-Psychologie vor allem von den 40er bis Mitte der 60er Jahre bestand jedoch nicht nur in einem theoretischen Prozeß; dieser verlief parallel zur Expansion der Psychoanalyse auf den Gebieten der Entwicklungspsychologie, der psychoanalytisch orientierten Psychotherapie und der Anwendung psychodynamischen Wissens in verschiedensten Berufsfeldern, die in Kapitel 6 bereits als »erweiterter Anwendungsbereich der Psychoanalyse« (*widening scope of psychoanalysis*) bezeichnet wurde (Stone 1954). Ich nehme an, daß diese rasche Verbreitung der Psychoanalyse als Anwendung nur deshalb möglich war, weil die »radikale Umkehrung des Arzt-Patient-Verhältnisses«, die mit Freuds psychoanalytischer Methode entstanden war (Lorenzer 1984), schrittweise wieder rückgängig gemacht wurde. Daß diese Entwicklung so und nicht anders verlief, hängt sicherlich mit der vorausgegangenen Situation der Psychoanalyse in den Vereinigten Staaten zusammen. Ich erinnere daran, daß Freud 1909 auf Einladung von Stanley Hall an der Clark University fünf Vorlesungen über Psychoanalyse hielt (1910a) und Abraham A. Brill 1911 die New York Psychoanalytic Society organisierte, aber erst ab 1931 durch die Initiative einiger weniger amerikanischer Psychiater, die sich zuvor in Berlin und Wien hatten ausbilden lassen, und mit Unterstützung vieler namhafter emigrierter Analytiker die ersten Ausbildungsinstitute entstanden. Man kann belegen, daß der »*widening scope*« zwischen 1911 und 1931 durch nicht ausgebildete, an der Psychoanalyse interessierte führende Persönlichkeiten der Universitäten und des Gesundheitswesens schon in Gang gesetzt war (Castel et al. 1979; May 1976).

Im geschilderten Prozeß des »*widening scope*« und der ich-psychologischen Theoriebildung hat sich meiner Auffassung nach die Psychoanalyse von ihr selbst unbemerkt jene ärztliche Definitionsmacht zumindest teilweise wieder angeeignet, auf die Freud zugunsten seiner Methode verzichtet hatte. Die durch Greenson zur Lehrmeinung gewordene Reduzierung des Übertragungsbegriffs auf eine unangemessene Reaktionsweise und sein Arbeitsbündniskonzept stellen einen entscheidenden Schritt in diese Richtung dar. Daher lautet ein anderes Ergebnis meiner Untersuchung:

Diejenigen Analytiker, die dem Arbeitsbündnis eine wesentliche oder sogar die entscheidende Rolle für das Gelingen einer Analyse zuschreiben, lassen über diese Definitionsmacht mehr Konventionen in die psychoanalytische Situation hineinwirken, als diese methodisch verträgt.

In diesem Sinne möchte ich das Arbeitsbündniskonzept mit dem Trojanischen Pferd vergleichen; es läßt unbemerkt Konventionen in die psychoanalytische Situation ein, die den Analytiker nicht nur ein Stück weit vom methodisch notwendigen Machtverzicht entlasten, sondern ihm auch Definitionsmacht zuschreiben, mit der er schwierige Analysesituationen für sich entscheiden kann.

Die Entlastung des Analytikers durch Konventionen hat allerdings wenig mit der entspannten Verfassung zu tun, die Morgenthaler (1978) in den Mittelpunkt seiner Darstellung der psychoanalytischen Technik rückte. Wie die Analyseberichte in Teil II dieser Untersuchung zeigen, gerät der Analytiker, wenn Konventionen unbemerkt das technische Vorgehen beeinflussen, immer mehr aus dem Bereich der »gleichschwebenden Aufmerksamkeit« heraus und nimmt eine bewertende Einstellung ein. Die hier kritisch hervorgehobene Entlastung des Analytikers wird zu einer Belastung des Patienten. In meinen Kommentaren zu den beiden Analyseverläufen habe ich diesen Aspekt herausgearbeitet. Der Umgang des Analytikers mit den Einfällen des Patienten wird weniger analytisch, dafür aber willkürlicher, und es entsteht beim Patienten eine Verwirrung darüber, ob das, was er sagt, das »Richtige« ist, ob es genug, zuviel oder zuwenig etc. ist. Diese Verwirrung des Patienten entspricht dem widersprüchlichen Vorgehen des Analytikers, der sich mal an der Grundregel, mal an seinen von Konventionen bestimmten Bewertungen der Einfälle des Patienten orientiert. Wenn sich der Patient auf seinen Analytiker eingestellt, d. h. mit dessen widersprüchlichem Vorgehen unbewußt identifiziert hat, läßt diese Verwirrung nach, und vielleicht wird der am Arbeitsbündnis orientierte Analytiker die Auswirkung dieser unbewußten Identifizierung zunächst als Fortschritt der Analyse ansehen. Die dieser Identifizierung folgende Stagnation des Analyseprozesses wird ihn jedoch bald vor ein dem Anschein nach neues Problem stellen, auf dessen Herkunft er jedoch erst stoßen kann, wenn er für sich den Zusammenhang aufdeckt, der zwischen seinen an das Arbeitsbündnis geknüpften Forderungen und den Analysehindernissen besteht.

Meine Kritik am Arbeitsbündniskonzept habe ich auf zwei Ebenen formuliert. Die eine ist die klinische Betrachtungsweise, und ich habe Gründe genannt, die dagegen sprechen, dem Arbeitsbündnis eine Sonderstellung in der Behandlungstheorie einzuräumen: den Gegensatz, in dem das Arbeitsbündnis zur Grundregel (sowie ihrem Gegenstück, der gleichschwebenden Aufmerksamkeit) steht; die willkürlich vorgenommene Unterscheidung von Übertragung und Nicht-Übertragung; die »Abkapselung« von Übertragungskonstellationen in den rationalen Erörterungen über richtiges oder unzulängliches Mitarbeiten; die unbemerkte Förderung und das Außerachtlassen eines sich ohnehin immer entwickelnden unbewußten Bündnisses. Die andere Ebene der Kritik erfaßt die vielfach ausgeblendete Abhängigkeit der psychoanalytischen Methode von den mehr oder weniger deutlich erkennbaren Idealen, normativen Anforderungen, kurz: den Konventionen der jeweils gegebenen gesellschaftlich-historischen Situation. Gerade an den Bündniskonzepten läßt sich zeigen, daß auch gesellschaftliche Konventionen darauf einwirken, wie die psychoanalytische Behandlungstheorie jeweils akzentuiert wird. In Anlehnung an Neyrauts (1974) hilfreiche Unterscheidung eines »äußeren« und »inneren« Feldes der Gegenübertragung[29] formuliere ich das *doppelte Risiko*, dem der Analytiker in der psychoanalytischen Situation ausgesetzt ist:

An unbemerkten Konventionen orientiertes technisches Vorgehen ist für die Herstellung, Aufrechterhaltung und Auflösung der psychoanalytischen Situation nicht weniger riskant als jene eigenen Affekte und Phantasien im Sinne der Gegenübertragung, die der Selbstreflexion des Analytikers entgehen.

Die Sonderstellung, die dem Arbeitsbündniskonzept immer wie-

29 Vgl. Kapitel 4, S. 71 f.

der eingeräumt wird, läßt sich nicht rechtfertigen. Der Analytiker, der seine analytische Arbeit überwiegend mit diesem Konzept organisiert, ist nicht nur gefährdet, viel an die Übertragung zu denken, ihre sorgfältige Deutung jedoch zu meiden; er läuft auch Gefahr, dem Druck der Konventionen nachgebend, den Patienten zu manipulieren. Das Hauptergebnis dieser Untersuchung lautet daher:

Der Geltungsbereich des Arbeitsbündniskonzepts ist auf den Analytiker einzuschränken, und das heißt, der Analytiker schließt mit niemand anderem als sich selbst das Arbeitsbündnis.

Es gibt keinen »übertragungsfreien« Ort oder »Haltepunkt« im Sinne einer Voraussetzung in der Analyse. Der Analytiker sollte sich in jeder Analyse nicht nur, wie Morgenthaler sagt, eine »entspannte, stimmige Beziehung« (1984, S. 11) zum Patienten erarbeiten, sondern auch ein Vorgehen, das in selbstreflexiver, kritischer Distanz zu geltenden Konventionen steht. Leider wird, wenn man feststellt: »Es bedarf eines Standortes außerhalb der Übertragung, der es ermöglicht, diese zum Instrument zu machen« (Thomä 1984, S. 45) oder: »Bei der Erziehung wie bei der Analyse muß aber ein Teil der überlegene, unangreifbare sein«[30], eine entscheidende Differenzierung beiseite gelassen: Der Analytiker »besitzt« diesen Standort nicht, sondern stellt ihn im Arbeitsbündnis, das er mit sich selbst im Feld der Übertragung schließt, jeweils neu her. Stellen sich beim Analytiker Forderungen und Erwartungen nach einem Arbeitsbündnis mit dem Patienten ein, dann sind sie gleichsam als Hinweis zu nehmen, das Arbeitsbündnis, das der Analytiker mit sich schließt, zu erneuern. Weil diese Perspektive ein unreflektiertes Bündnis auf der Basis sozialer Erwartungen und Forderungen in die Betrachtung einbezieht, geht sie ein entscheidendes Stück über die Analyse der unbewußten Gegenübertragung hinaus.

Zunächst wirkt die von Greenson postulierte Gleichstellung des Arbeitsbündnisses mit der Übertragung bzw. der Übertragungsneurose plausibel, weil sie auch an eine Gleichberechtigung von Analytiker und Patient denken läßt. Allein schon aus der Verwendung der Couch hat man gern den Schluß gezogen, der Patient befinde sich in einer Position eindeutiger Abhängigkeit. Da wirkt dann eine gelegentliche Aufhebung des Coucharrangements, aber

30 Freud an Lou Andreas-Salomé, zit. nach Frank (1986, S. 181).

auch die Akzentuierung von Arbeit wie eine Verbesserung im Sinne der Gleichstellung von Analytiker und Analysand. Hält man an der Analyse unbewußter Prozesse fest, liegen die Dinge leider nicht so einfach. Zum Beispiel schirmt sich der Analytiker durch das besondere Arrangement keineswegs nur besser ab. Ausgehend von seiner Untersuchung subliminaler Wahrnehmungen und deren Verarbeitungen im Traum, die von experimenteller Seite her zur Grundlagenforschung über die psychoanalytische Situation gehört, schreibt Leuschner (1989, S. 427):

> »Auf den ersten Blick könnte man annehmen, daß das analytische Verfahren genügend technische und methodische Vorkehrungen getroffen hat, den Analytiker vor solchen subliminalen ›Impfungen‹ durch den Patienten zu schützen, z. B. die Viertel-Drehung des Behandlerstuhles weg vom Patienten. Aber merkwürdigerweise kommt so vieles, was man als gute Schutzmaßnahme gegen subliminales Erregtwerden interpretieren möchte, bei genauerem Hinsehen solchen subliminalen Einflußmöglichkeiten besonders entgegen. Das gilt für diese Viertel-Drehung des Sessels ebenso (optische Signale werden nun ins periphere Gesichtsfeld plaziert und haben hier subliminal vermutlich eine noch größere Wirkung als bei zentraler Wahrnehmung) wie für manche Abstinenzregeln (Schweigen ist wahrscheinlich auch eine Art ›telepathische Bebrütung‹ von Vorstellungskomplexen) oder die gleichschwebende Aufmerksamkeit (die der Rebus-Stimmung verwandt sein dürfte).«

Die Psychoanalyse ist eine Untersuchungsmethode für seelische Vorgänge, die sonst kaum zugänglich sind; diese Methode ist die Grundlage psychoanalytischer Therapie (vgl. Freud 1923 a). Die für das Verfahren konstitutive passagère Aufhebung und Überschreitung von Konventionen alltäglicher Verständigung ermöglicht, allerdings gegen Widerstände sowohl beim Patienten als auch beim Analytiker, die Entdeckung und Integration seelischer Vorgänge, die zuvor im Symptom ein ausgegrenztes und entstelltes Eigenleben führten. Es ist die Aufgabe des Analytikers, dieses konstitutive Moment für jede einzelne Analyse zu garantieren. Dabei ist das Aufheben von Konventionen weniger eine Frage der Vereinbarung; der Patient merkt vor allem an den Deutungen des Analytikers, daß hier Konventionen überschritten werden. Ausgehend vom Behandlungsbeispiel der Anna O. durch Josef Breuer habe ich das Außerkraftsetzen von Konventionen und seine Rückwirkung auf den Analytiker selbst in den Mittelpunkt der Untersuchung des Arbeitsbündnisses gestellt. Der Begriff der Konvention bietet theoretisch die Möglichkeit, die historische Abhängigkeit der psychoanalytischen Methode aufzuzeigen.

Inhalt und Funktion von Konventionen haben sich seit der Behandlung der Anna O. entscheidend verändert. Um hier nur einige Hinweise geben zu können, muß ich erheblich vereinfachen. Ging es damals um die vorherrschende Form sexueller Doppelmoral, so findet sich bei den gegenwärtigen Formen der Sexualität, die teils freier sind, teils freier erscheinen, ein Steuerungsmodus, der weniger mit Moral als vielmehr mit Leistung verknüpft ist. Marcuse (1964) hat die Eingliederung des Sexuellen in Arbeitsbeziehungen und Werbetätigkeit als Form *kontrollierter Befriedigung* beschrieben und auf die Aussage zugespitzt, die derart angepaßte Lust erzeuge Unterwerfung (S. 91 ff.; vgl. Reiche 1968). Wiederholt schrieb Horn (z. B. 1974, 1976, 1979, 1984), wie zunehmend Bereiche des Lebens, die zum Entstehungszeitpunkt der Psychoanalyse noch als privat galten, vergesellschaftet werden. Dabei fällt der Arbeitscharakter dieser ehedem privaten Lebensbereiche deutlich auf: die Betonung des Leistungsaspekts freierer Sexualität; die Gesunderhaltung durch sportliche Leistung; das Leistungsmoment technisch-elektronischer Freizeitbeschäftigungen etc. Die verschiedenen Formen der Psychotherapie, aber auch die Psychoanalyse sind in diese Entwicklung der technisch hochorganisierten, in der ökonomischen Analyse von Hirsch und Roth (1986) als post-fordistisch bezeichneten Gesellschaftsform einbezogen.

In bezug auf Arbeit ist die gegenwärtige Gesellschaft durch eine Gegenläufigkeit charakterisiert, die sich auch in zwei Kurzformeln niedergeschlagen hat. Während die Formulierung »Zwei-Drittel-Gesellschaft« darauf verweist, daß gesellschaftlich zur Verfügung stehende Arbeit abnimmt, steht »Psychoboom« dafür, daß sich in der Therapeutisierung sozialer Dienste Kontrolle und Disziplinierung des Privatlebens in Verbindung mit Entlastungsangeboten und Humanisierungseffekten durchsetzen. Das wissenschaftlich-technische Verfahren der Naturbeherrschung ist zum Muster gesellschaftlicher und individueller Problemlösungen avanciert. Ich nenne stellvertretend für diese Perspektive der Kritik drei Untersuchungen: Horn und Köhler-Weisker (1981) über die Gesprächspsychotherapie von Rogers, Plänkers (1982) über Anpassung als Thema psychoanalytischer und psychologischer Theorien des Subjekts und Schülein (1976) über die pragmatische Kommunikationstheorie von Watzlawick und Mitarbeitern. Zu glauben, daß sich gerade die psychoanalytische Behandlung gegen die institutionelle und berufspolitische Integration der Psychoanalyse in das medizinische System gesundheitlicher Versorgung abschirmen läßt, erweist sich als Illusion. Die hier dargestellte Diskrepanz zwischen dem Arbeitsbegriff der psychoanalytischen Theorie und dem Arbeitskonzept der Praxis kann als Symptom dafür gesehen werden, daß Medizinalisierung und Therapeutisierung des Privaten auch die psychoanalytische Behandlung erfaßt haben und sich die Praxis gegenüber der Theorie verselbständigt hat (vgl. Brede 1983).

Im Sinne eines Ausblicks muß ich einräumen, daß ich die Wechselwirkungen zwischen gesellschaftlichen Veränderungen und psychotherapeutischen Verfahren lediglich kursorisch behandelt und ihre Einwirkungen auf die Ausbildung zum Psychoanalytiker gar nicht erörtert habe. Letzteres bedeutet keinesfalls, daß die skizzierten Prozesse vor der Ausbildungssituation haltgemacht hätten; im Gegenteil, aber das steht auf einem anderen Blatt. Ich hoffe, daß es mir gelungen ist, die Kritik am Arbeitsbündniskonzept auf der Grundlage sowohl der Praxis als auch der Theorie der Psychoanalyse zu entwickeln; sollte es mir außerdem gelungen sein, die Konventionalisierung der psychoanalytischen Methode, wie sie sich im Arbeitsbündniskonzept manifestiert, nicht als Fehler bestimmter Psychoanalytiker herauszustellen, sondern als allgemeines Problem der Praxis aufzuzeigen, wäre ich mit diesem Ergebnis trotz zahlreicher ungestellt und unbeantwortet gebliebener Fragen durchaus zufrieden.

Nachwort zur Taschenbuchausgabe

Die vorliegende Neuauflage meiner Kritik des Arbeitsbündniskonzepts erfolgt auf Anregung von Willi Köhler, dem Herausgeber der Reihe »Geist und Psyche«; ihm möchte ich für die sorgfältige Vorbereitung der Taschenbuchausgabe danken. Mein Dank gilt auch denen, die mit Rezensionen, Zitaten, Briefen und mündlichen Entgegnungen auf meine Veröffentlichung reagiert und damit zur Vertiefung der Diskussion beigetragen haben. Ich bitte um Verständnis, daß ich in diesem Nachwort nicht auf alle Hinweise eingehen kann.

Der Nachdruck gibt den zuerst 1990 erschienenen Text im wesentlichen unverändert wieder. Über die Korrektur von Druckfehlern hinaus habe ich an einigen Stellen versucht, meine Überlegungen durch geringfügige sprachliche Umformulierungen zu präzisieren; dabei stand mir Frau Dr. I. Meyer-Palmedo mit großer Geduld und Hilfsbereitschaft zur Seite.

Die zentrale Aussage meiner Kritik: »Der Geltungsbereich des Arbeitsbündniskonzepts ist auf den Analytiker einzuschränken, und das heißt, der Analytiker schließt mit niemand anderem als sich selbst das Arbeitsbündnis« (S. 145) hat, wie auch wegen der kritischen Zuspitzung nicht anders zu erwarten war, weit auseinandergehende Reaktionen hervorgerufen. In einem Punkt aber – und darüber freue ich mich natürlich – stimmen sie überein: wenn das Arbeitsbündniskonzept heute erörtert wird, stellt sich häufiger als früher die »Assoziation« einer Kritik desselben ein. Ich wollte ja den »naiven Realismus«, auf den sich die Verfechter des Konzepts zumeist beziehen, attackieren. Vor allem aber wollte ich auf die »Zumutungen« aufmerksam machen, die jede Analyse für den Analytiker mit sich bringt: die Anforderungen an unsere Fähigkeit zur psychischen Verarbeitung. Die Behandlungstechnik ist ein Hilfsinstrument, sofern sie nicht dazu verwendet wird, Bedürfnisse der eigenen Person in scheinbar berechtigte Forderungen an den Analysanden umzuwandeln.

M. Ermann hat in seiner Arbeit »Die sogenannte Realbeziehung« (1992) meine Ergebnisse treffend zusammengefaßt: Das Arbeitsbündnis ist kein Sektor der analytischen Beziehung, sondern eine Funktion des Analytikers (S. 281). Mir war es besonders wichtig herauszustellen, daß als Vorbedingung für die Erfüllung dieser Funktion die konsequente *Orientierung an der Methode* notwendig ist: »Die psychoanalytische Methode ist der Technik gegenüber vorrangig« (oben, S. 21). Damit stellte sich zugleich die Aufgabe, Bedingungen zu nennen, unter denen der Methode dieser Vorrang eingeräumt werden kann: »Die psychoanalytische Methode wird im Spannungsverhältnis von Übertragung und Konvention verwirklicht oder verloren«, lautet der entscheidende Satz (S. 35). Es zeigte sich, daß die Gefahr einer Begrenzung der Analyse durch konventionelles Denken nicht nur in der Frühgeschichte der Psychoanalyse bestand, sondern sich in jeder psychoanalytischen Behandlung von neuem ergibt. Die Orientierung an der Methode in jenem spezifischen Spannungsverhältnis ermöglicht es, daß wir uns in einer Analyse weder von der Technik noch von unseren persönlichen Besonderheiten her einseitig ausrichten.

Woran aber orientieren wir uns? An einer *heuristischen Position*, die mit dem Forschungsauftrag übereinstimmt, den Freud im vielzitierten »Junktim von Heilen und Forschen« formulierte (1927a, S. 293f.). Danach leitet die Psychoanalyse ihr Wissen über Entwicklung und Veränderung der psychischen Struktur aus den Wechselwirkungen zwischen den intrapsychischen und interpersonellen Vorgängen ab, wie sie im Verlauf einer Analyse zugänglich und evident werden.

In seiner Darstellung der Konvergenzen und Divergenzen gegenwärtiger psychoanalytischer Technik stellt O. Kernberg (1993, S. 666f.) fest, daß zum Verhältnis von Behandlungsbündnis und Übertragung die Auffassungen weiterhin auseinandergehen. Er vertritt die Position, die Realität der Persönlichkeit des Analytikers werde nur insoweit wichtig, wie sie als Verankerungspunkt der Übertragung diene (S. 667). Zwischen dieser Position und meiner

»funktionellen« Bestimmung des Arbeitsbündnisses sehe ich große Übereinstimmung. Um nochmals einem Mißverständnis vorzubeugen, betone ich, daß ich natürlich nicht die Person des Analytikers als solche in den Vordergrund des Behandlungsprozesses rücken wollte.

G. Fischer (1991) schrieb in seiner Rezension, ich hätte die Frage, ob man das Arbeitsbündniskonzept aufgeben solle, mit ja und nein zugleich beantwortet. Meine Kritik wäre jedoch die gleiche geblieben, hätte ich – wie Fischer vorschlägt – ergänzt, daß der Patient mit dem Analytiker einen Dienstleistungsvertrag schließt mit dem Ziel, die beeinträchtigte psychische (oder auch somatische) Gesundheit des Patienten nach bestem Wissen und Gewissen wiederherzustellen. Versucht man die Implikationen des Behandlungsvertrages auf behandlungstechnischer und theoretischer Ebene zur Sprache zu bringen, dann ist besonders auf Analysesituationen zu achten, die der Logik eines einseitig aneignenden Vertragsdenkens folgen. Auf der Linie meiner Kritik heißt das: Was in besonderem Maße zum Gegenstand der Selbstreflexion werden sollte, sind alle Appelle und Forderungen des Analytikers, die in die Zusammenarbeit ein Gefälle oder eine Asymmetrie im Sinne von Einseitigkeit bringen. Statt dessen sollte der Analytiker seine Funktion erfüllen und die aktuelle Analysesituation in Zusammenarbeit mit dem Analysanden interpretierend erfassen; dann wird er auch im Sinne einer »hilfreichen Beziehung« erlebt (Ermann 1993).

Wegen der unterschiedlich akzentuierten Kommunikation – freie und ausgesprochene Assoziationen des Analysanden und gleichschwebende, im inneren Dialog erfaßte Aufmerksamkeit des Analytikers – ist Zusammenarbeit hier so zu verstehen, daß sich der Analytiker die Assoziationen seines Analysanden aus verschiedenen inneren Perspektiven anhört: mal ganz von seinem unmittelbaren unreflektierten Erleben her, mal mit der Unterstellung, daß sie ein Angebot der Zusammenarbeit sind, auch wenn die eigene emotionale Reaktion darauf zunächst eine andere Interpretation nahelegt, und nicht zuletzt hört der Analytiker unter dem Einfluß eines Deutungsentwurfes zu.

Soweit zu dem möglichen Mißverständnis, ich wolle das Arbeitsbündniskonzept völlig aufgeben. Obgleich ich mich mit dem Wort »Bündnis« nicht anfreunden kann, habe ich nichts dagegen, das

Konzept weiterzuverwenden, wenn es auch die Eigenschaft behält, die allen Technikkonzepten der Psychoanalyse eigen ist: einen »dialektischen Zug« (G. Fischer 1989) bzw. die begriffliche Fassung einer Paradoxie. In diesem Sinn hat das Arbeitsbündnis eine doppelte Bedeutung: Zum einen arbeiten zwei gleichberechtigte Partner zusammen, zum anderen geht die Zusammenarbeit von verschiedenen Positionen aus. In seinem Aufsatz »Arbeit und Liebe – zu Phänomenologie und Dialektik des psychoanalytischen Arbeitsbündnisses« hat G. Fischer (1993) kürzlich meine Kritik aufgenommen und mit dem von ihm ausgearbeiteten dialektischen Veränderungsmodell (Fischer 1989) verbunden. Ich bestreite keineswegs, daß Gemeinsamkeiten zwischen Analytiker und Analysand eine Analyse fördern können; mir geht es jedoch um Wünsche nach Übereinstimmung auf beiden Seiten, die, wenn man sie nicht als Übertragung erkennt und interpretiert, in einem »unbewußten Bündnis gegen die Analyse« agiert werden. In »Le secteur réservé du transfert« hat C. Stein (1977), ausgehend von der Lehranalyse, auf zusätzliche Erschwernisse bei der Übertragungsanalyse hingewiesen, die daraus resultieren, daß der Analytiker das »Analyse-Projekt« des Analysanden teile oder sich zu eigen mache.

Wenn ich meine Kritik in erster Linie am Konzept des Arbeitsbündnisses durchführte, so hatte das mit der Betonung von »Arbeit« zu tun, die Greenson seinem Konzept verlieh. Wird wie bei Greenson ein normativ-konventioneller Arbeitsbegriff in Verbindung mit einem notwendigen Bündnis in der Analyse verwendet, dann kann sich in der Analysesituation und im Behandlungsprozeß ein Sektor etablieren, der von der Analyse ausgenommen wird. »Das Arbeitsbündnis ist der Stephansdom« – in ihren erkenntnistheoretischen Überlegungen zu meiner Kritik des Arbeitsbündnisses erinnert H. Gekle (1992) an Freud (1913 c), der entschieden vertrat, eine Analyse werde scheitern, wenn man sich auf Ausnahmen bei der freien Assoziation (»Grundregel«) verständige. (Als Begründung führte Freud an: »Die psychoanalytische Behandlung muß sich über alle Rücksichten hinaussetzen, weil die Neurose und ihre Widerstände rücksichtslos sind«, o.c., S. 469 Anm.) W. Köhler (1990) hat in seiner Rezension die Metapher hervorgehoben, die ich schärfer finde als Freuds Hinweis auf den Stephansdom, in dem Straffällige vor der Festnahme sicher seien: meinen Vergleich des

Arbeitsbündniskonzepts mit dem Trojanischen Pferd, insofern es »unbemerkt Konventionen in die psychoanalytische Situation einlassen kann, die den Analytiker nicht nur ein Stück weit vom methodisch notwendigen Machtverzicht entlasten, sondern ihm auch Definitionsmacht zuschreiben, mit der er schwierige Analysesituationen für sich entscheiden kann«.

Immer wieder findet man in der Literatur, daß die Gesamtsituation der Analyse in einzelne Bereiche oder Sektoren, zumeist Bereiche verschiedener Beziehungen aufgeteilt wird, was letztlich auf konventionelle, aber nicht auf psychoanalytische Kriterien zurückgeht (vgl. Calogeras und Alston 1992). Selbstverständlich enthält der Behandlungsvertrag Konventionen, z.B. die ethischen Maßstäbe, die Meissner (1992) erörtert; auf der Ebene der psychoanalytischen Situation müssen sie jedoch in die Sprache der subjektiven Bedeutungen oder Sinnzusammenhänge transformiert werden, was nach meinen Ausführungen nur durch eine passagère Aufhebung von Konventionen möglich ist. Es geht also nicht nur darum, wann man was wie machen muß, sondern darum, daß Bedeutungen erarbeitet werden.

Auch wenn keine normativ-konventionellen Vorstellungen von Arbeit eingeführt werden, behält die analytische Situation eine Arbeitsform. Man erkennt sie, wenn man von der Existenz vielfältiger Realitäten ausgeht, die durch psychische Arbeit konstruiert, aufrechterhalten oder wiederhergestellt werden. An konventionellen Auffassungen von Arbeit orientiert, verliert man leicht aus dem Blick, welche Arbeit der Patient schon dadurch leistet, daß er in die Analyse kommt und Übertragungen entwickelt (vgl. Deserno 1992). Was unter psychischer Arbeit zu verstehen ist, soll hier nur angedeutet werden: das Erkennen und Benennen desymbolisierter psychischer Prozesse, die Resymbolisierung dieser Prozesse, oder kürzer, die Wiederherstellung der symbolischen Funktion des Ichs. Für letztere ist Bedingung, daß der Analytiker, wie ich mit Hinweis auf A. Green (1975) formulierte, eine intermediäre Position einnimmt, eine Position zwischen Anwesenheit und Verlust des Objekts (Deserno 1991).

Der Einwand gegen meine Kritik, im Grunde hätte ich eine Diskussion über die Gegenübertragung geführt, scheint mir das Problem lediglich begrifflich zu verschieben. Weil mit der Gegenübertragung oft die Gesamtheit der Reaktionen des Analytikers dem Analysanden gegenüber gemeint ist, ziehe ich es inzwischen wieder vor, zunächst an meine Übertragung auf den Analysanden zu denken. Den Begriff der Gegenübertragung[1] fasse ich lieber möglichst eng, also auf die Funktion bezogen, das Arbeitsbündnis mit sich zu erneuern und daraus Erkenntnisse über die aktuelle psychoanalytische Situation zu gewinnen. (Im vierten Kapitel habe ich den Zusammenhang von Arbeitsbündnis und Gegenübertragung aus meiner Sicht dargestellt.)

Die Funktion des Analytikers, dann das Arbeitsbündnis mit sich selbst zu erneuern, wenn er spürt, daß er, statt die Situation zu deuten, an den Analysanden bestimmte Forderungen nach Zusammenarbeit stellen möchte, bringt mit Recht Bions »*container-contained*-Modell« (1962, Kapitel 27) in unseren Zusammenhang. In Bions Begriffen ausgedrückt, könnte meine Position lauten: Bevor er deutet, »denkt« der Analytiker im Arbeitsbündnis mit sich selbst die Erlebniskomponenten der aktuellen analytischen Situation. Es steht eindeutig im Widerspruch zum analytischen Vorgehen, wenn der Analytiker an den Analysanden etwas heranträgt, was er selbst noch nicht symbolisieren kann oder symbolisiert hat. Es wäre interessant, den hier skizzierten Weg weiterzugehen und die Arbeitsform, die anderen Richtungen der Psychoanalyse eigen ist, zu untersuchen. Ich habe aber schon erwähnt, daß ich meine Kritik nicht auf der Grundlage einer schon bereitliegenden Theorie innerseelischer Prozesse und ihrer Wechselwirkungen mit konkreten Beziehungsabläufen entwickelt habe, sondern von der psychoanalytischen Methode ausgegangen bin. (In »Varieties of Therapeutic Alliance«, 1990, zeigen Brandchaft und Stolorow an zwei unterschiedlichen theoretischen Richtungen, der ich-psychologischen und der Kleinianischen, daß diese sich in der Arbeitsform, ihrer Ausrichtung von der Theorie her, näher stehen, als man annehmen möchte.)

Den vielfältigen behandlungsbedürftigen Störungen, die uns in der Praxis begegnen, ist letzten Endes gemeinsam, daß sich keine belastungsfähige Balance zwischen Phantasie und Realität ausbilden

1 G. Heuft, 1990, hat besonders unter dem Eindruck der Behandlung älterer Menschen, die noch während des Nazifaschismus aufwuchsen, für den Begriff der Eigenübertragung plädiert.

konnte. Ein deutlicher Kontrast zwischen äußerer Realität und innerer Phantasiewelt stellt sich mithin erst als Ergebnis einer Analyse her. Psychoanalytiker, die Intersubjektivität in den Mittelpunkt der Entwicklung und des Behandlungsprozesses rücken (u. a. Benjamin 1992, Brandchaft und Stolorow 1990), haben Winnicotts »*holding*«- (1986) und Bions »*container-contained*-Modell« um den Aspekt der *Anerkennung* ergänzt: Anerkennung der subjektiven Realität des anderen. Benjamin stellt das intrapsychische Ich, dem Realität von außen auferlegt ist, dem intersubjektiven Ich, das Realität entdeckt, gegenüber (1992, S. 53). Die Perspektive der Anerkennung stellt keine Rückkehr zur Wunscherfüllung dar. Vielmehr knüpft sie an der ursprünglichen Faszination und Liebe des Kindes für das, was außen ist, an und führt das »Liebesverhältnis zur Welt« unter komplexeren Bedingungen fort. Indem die intersubjektive Perspektive zeigt, daß Zerstörung die Kehrseite von Anerkennung ist, nimmt sie unter den Voraussetzungen für psychische Veränderung und damit für die psychoanalytische Methode eine besondere Stellung ein.

Nicht zuletzt hat sich durch die theoretischen Entwicklungen, die ich hier nur andeuten konnte, vor allem aber durch die ständige Erweiterung klinischer Erfahrung gezeigt, daß die psychoanalytische Behandlung flexibler gehandhabt werden kann, als man zunächst annahm – und dabei nichts von ihrer methodischen Potenz einbüßt, im Gegenteil.

Frankfurt/M., im Dezember 1993 H. D.

Literaturverzeichnis

Adler, G. (1980). Transference, real relationship and alliance. International Journal of Psycho-Analysis, 61, 547–558.

Adorno, Th. W. (1964). Jargon der Eigentlichkeit. Frankfurt: Suhrkamp.

Alexander, F. (1925). Metapsychologische Darstellung des Heilungsvorganges. Internationale Zeitschrift für Psychoanalyse, 11, 157–178.

Anzieu, D. (1988). L'auto-analyse de Freud et la découverte de la psychanalyse. Dt.: Freuds Selbstanalyse. Band 1: 1895–1898. Band 2: 1898–1902. Übers. v. E. Moldenhauer. München: Verlag Internationale Psychoanalyse 1990.

Arlow, J. A. (1975). Discussion of M. Kanzer: The therapeutic and working alliances: An assessment. International Journal of Psychoanalytic Psychotherapy, 4, 48–68.

Arlow, J. A. & Brenner, Ch. (1966). The psychoanalytic situation. In R. E. Littman (Ed.), Psychoanalysis in the Americas (pp. 23–43). New York: International Universities Press.

Benjamin, J. (1992). Recognition and destruction. An outline of intersubjectivity. In Skolnick, N. J. &. S. C. Warshaw (1992) (Hg.), Relational perspectives in psychoanalysis (S. 43–60). Hillsdale: The Analytic Press. (Deutsch in dies., Phantasie und Geschlecht, S. 39–58. Frankfurt: Stroemfeld / Nexus 1993.)

Benz, A. E. (1983). Die ungewollte Schwangerschaft und ihre Unterbrechung – eine Möglichkeit zur unbewußten Inszenierung von Trauerarbeit. Psyche, 37, 130–138.

Bibring, E. (1937). Versuch einer allgemeinen Theorie der Heilung. Internationale Zeitschrift für Psychoanalyse, 23, 18–37.

Bion, W. R. (1962). Lernen durch Erfahrung. Übers. u. eingel. v. E. Krejci. Frankfurt: Suhrkamp 1990.

Blanck, G. & Blanck, R. (1974). Angewandte Ich-Psychologie. Übers. v. H. Weller. Stuttgart: Klett-Cotta 1978.
Blanck, G. & Blanck, R. (1979). Ich-Psychologie II. Psychoanalytische Entwicklungspsychologie. Übers. v. H. Weller. Stuttgart: Klett-Cotta 1980.
Blarer, A. & Broglie, J. (1983). Der Weg ist das Ziel. Zur Theorie und Metatheorie der psychoanalytischen Technik. In S. O. Hoffmann (Hg.), Deutung und Beziehung. Kritische Beiträge zur Behandlungskonzeption und Technik in der Psychoanalyse (S. 71–85). Frankfurt: Fischer Taschenbuch Verlag.
Bräutigam, W. (1988). Realistische Beziehung und Übertragung. In P. Kutter, R. Páramo-Ortega & P. Zagermann (Hg.), Die psychoanalytische Haltung (S. 165–186). München: Verlag Internationale Psychoanalyse.
Brandchaft, B. & R. D. Stolorow (1990). Varieties of therapeutic alliance. The Annual of Psychoanalysis, 18, 99–114. Hillsdale: Analytic Press.
Brede, K. (1983). Psychoanalyse zwischen Therapie und Wissenschaft. In H.-M. Lohmann (Hg.), Das Unbehagen in der Psychoanalyse. Eine Streitschrift (S. 93–103). Frankfurt: Qumran.
Brenner, Ch. (1979). Working alliance, therapeutic alliance, and transference. Journal of the American Psychoanalytic Association, 27 (Supplement), 137–157.
Brenner, Ch. (1987). Working through: 1914–1984. Psychoanalytic Quarterly, 56, 88–108.
Busch, H.-J. (1985). Interaktion und innere Natur. Sozialisationstheoretische Reflexionen. Frankfurt: Campus.
Calogeras, R. C. & T. M. Alston (1992). Aspekte der psychoanalytischen Beziehung. Forum der Psychoanalyse, 8, 89–104.
Cardinal, M. (1975). Schattenmund. Roman einer Analyse. Übers. v. G. Forberg und A. E. Moutei Semler. München: Rogner & Bernhard 1977.
Castel, F., Castel, R. & Lovell, A. (1979). Psychiatrisierung des Alltags. Übers. v. C. Schultz. Frankfurt: Suhrkamp 1982.
Castel, R. (1973). Psychoanalyse und gesellschaftliche Macht. Übers. v. L. Birk. Kronberg: Athenäum 1976.
Chasseguet-Smirgel, J. (Hg.) (1964). Psychoanalyse der weiblichen Sexualität. Übers. v. G. Osterwald. Frankfurt: Suhrkamp 1974.
Corwin, H. A. (1974). The narcissistic alliance and progressive transference neurosis in serious regressive states. International Journal of Psychoanalytic Psychotherapy, 3, 299–316.

Cremerius, J. (1984). Die psychoanalytische Abstinenzregel. Vom regelhaften zum operationalen Gebrauch. Psyche, 38, 769–800.

Curtis, H. C. (1979). The concept of therapeutic alliance: Implications for the »widening scope«. Journal of the American Psychoanalytic Association, 27 (Supplement), 159–192.

Deserno, H. (1991). Die Orientierung des psychoanalytischen Prozesses an einem zu erarbeitenden Objekt. Arbeitshefte Kinderpsychoanalyse, 13, 7–21.

Deserno, H. (1992). Zum Arbeitsbegriff der Psychoanalyse in Theorie und Praxis. Psyche, 46, 534–553.

Devereux, G. (1967). Angst und Methode in den Verhaltenswissenschaften. Übers. v. C. Neubaur und K. Kersten. Frankfurt-Berlin-Wien: Ullstein 1976.

Dickes, R. (1975). Technical considerations of the therapeutic and working alliances. International Journal of Psychoanalytic Psychotherapy, 4, 1–24.

Drews, S. & Brecht, K. (1975). Psychoanalytische Ich-Psychologie. Grundlagen und Entwicklung. Frankfurt: Suhrkamp.

Eissler, K. R. (1953). The effect of the structure of the ego on psychoanalytic technique. Journal of the American Psychoanalytic Association, 1, 104–134.

Ekstein, R. & Wallerstein, R. S. (1958). The teaching and learning of psychotherapy. New York: Basic Books.

Erdheim, M. (1982). Die gesellschaftliche Produktion von Unbewußtheit. Frankfurt: Suhrkamp.

Ermann, M. (1992), Die sogenannte Realbeziehung. Forum der Psychoanalyse, 8, 281–294.

Ermann, M. (Hg.) (1993). Die hilfreiche Beziehung in der Psychoanalyse. Göttingen: Vandenhoeck &. Ruprecht.

Ezriel, H. (1951). The scientific testing of psycho-analytic findings and theory. British Journal of Medical Psychology, 24, 30–34.

Fenichel, O. (1941). Problems of psychoanalytic technique. New York: The Psychoanalytic Quarterly, Inc.

Fenichel, O. (1945). Neurosenlehre. 3 Bände. Übers. v. K. Laermann. Olten: Walter 1974, 1975, 1977.

Ferenczi, S. (1919). Hysterische Materialisationsphänomene. In ders., Bausteine zur Psychoanalyse, Bd. III (S. 129–147). Bern: Huber 1964.

Ferenczi, S. (1925). Zur Psychoanalyse von Sexualgewohnheiten (mit Beiträgen zur therapeutischen Technik). In ders., Bausteine zur Psychoanalyse, Bd. III (S. 245–293). Bern: Huber 1964.

Fischer, G. (1986). Der dialektische Charakter psychoanalytischer Konzepte. Forum der Psychoanalyse, 2, 20–27.

Fischer, G. (1987). Eine Doppelbindung in der Vater-Sohn-Beziehung. Vortragsmanuskript.

Fischer, G. (1989). Dialektik der Veränderung in Psychoanalyse und Psychotherapie. Modell, Theorie und systematische Fallstudie. Heidelberg: Asanger.

Fischer, G. (1991). Rezension in: Zeitschrift für psychoanalytische Theorie und Praxis, 6, 348–351.

Fischer, G. (1993). Arbeit und Liebe – zu Phänomenologie und Dialektik des psychoanalytischen Arbeitsbündnisses. In Tress, W. & St. Nagel (Hg.), Psychoanalyse und Philosophie: Eine Begegnung (S. 119–139). Heidelberg: Asanger.

Flader, D. & Grodzicki, W.-D. (1978). Hypothesen zur Wirkungsweise der psychoanalytischen Grundregel. In D. Flader, W.-D. Grodzicki & K. Schröter (Hg.), Psychoanalyse als Gespräch. Interaktionsanalytische Untersuchungen über Therapie und Supervision (S. 41–91). Frankfurt: Suhrkamp 1982.

Fleming, J. (1972). Early object deprivation and transference phenomena: The working alliance. Psychoanalytic Quarterly, 41, 23–43.

Frank, K. (1986). Die Abstinenz und die Freiheit des Analytikers. Gruppenpsychotherapie und Gruppendynamik, 21, 181–193.

Freeman, L. (1972). Die Geschichte der Anna O. Übers. v. G. und K.-E. Felten. München: Kindler 1973.

Freud, A. (1936). Das Ich und die Abwehrmechanismen. Wien: Internationaler Psychoanalytischer Verlag.

Freud, A. (1954). Der wachsende Indikationsbereich der Psychoanalyse. Diskussion. In Die Schriften der Anna Freud, Bd. V, 1349–1367. München: Kindler 1980.

Freud, S. (1893h). Über den psychischen Mechanismus hysterischer Phänomene. Vortrag, GW Nachtragsband, 183–195. Frankfurt: S. Fischer 1987.*

Freud, S. (1895d) (zusammen mit: Breuer, J.). Studien über Hysterie.

* Die Seitenangaben aus psychoanalytischen Freud-Werken beziehen sich, wenn nicht anders vermerkt, auf: Sigmund Freud, Gesammelte Werke (GW) (18 Bände sowie ein unnumerierter Nachtragsband); Bände 1–17: London, Imago Publishing Co. Ltd. 1940–52 (seit 1960: Frankfurt, S. Fischer); Bd. 18: Frankfurt, S. Fischer 1968; Nachtragsband: Frankfurt, S. Fischer 1987. Die Kleinbuchstaben hinter den Jahreszahlen der Freud-Schriften beziehen sich auf die verbindliche Freud-Gesamtbibliographie, die in der Freud-Bibliographie mit Werkkonkordanz (I. Meyer-Palmedo und G. Fichtner), Frankfurt: S. Fischer 1989, abgedruckt ist.

GW I, 75–312 (ohne Breuers Beiträge). (Vollständig in: J. Breuer/ S. Freud, Studien über Hysterie. Taschenb.-Neuaufl. Einleit. v. S. Mentzos. Frankfurt: Fischer Taschenbuch Verlag 1991.)

Freud, S. (1900 a). Die Traumdeutung. GW II/III, V–XV, 1–642.

Freud, S. (1905 e). Bruchstück einer Hysterie-Analyse. GW V, 161–286.

Freud, S. (1910 a). Über Psychoanalyse. GW VIII, 1–60.

Freud, S. (1910 e). »Über den Gegensinn der Urworte«. GW VIII, 213–221.

Freud, S. (1912 b). Zur Dynamik der Übertragung. GW VIII, 363–374.

Freud, S. (1912 e). Ratschläge für den Arzt bei der psychoanalytischen Behandlung. GW VIII, 375–387.

Freud, S. (1913 c). Zur Einleitung der Behandlung. GW VIII, 453–478.

Freud, S. (1914 d). Zur Geschichte der psychoanalytischen Bewegung. GW X, 43–113.

Freud, S. (1914 g). Erinnern, Wiederholen und Durcharbeiten. GW X, 125–136.

Freud, S. (1915 a). Bemerkungen über die Übertragungsliebe. GW X, 305–321.

Freud, S. (1915 c). Triebe und Triebschicksale. GW X, 209–232.

Freud, S. (1916–17 a). Vorlesungen zur Einführung in die Psychoanalyse. GW XI.

Freud, S. (1919 h). Das Unheimliche. GW XII, 227–268.

Freud, S. (1923 a). »Psychoanalyse« und »Libidotheorie«. GW XIII, 209–233.

Freud, S. (1923 b). Das Ich und das Es. GW XIII, 235–289.

Freud, S. (1925 d). Selbstdarstellung. GW XIV, 31–96.

Freud, S. (1926 d). Hemmung, Symptom und Angst. GW XIV, 111–205.

Freud, S. (1927 a). Nachwort zur »Frage der Laienanalyse«. GW XIV, 287–296.

Freud, S. (1937 c). Die endliche und die unendliche Analyse. GW XVI, 57–99.

Freud, S. (1940 a). Abriß der Psychoanalyse. GW XVII, 63–138.

Freud, S. (1960 a). Briefe 1873–1939. Herausgegeben von E. und L. Freud. 3., korrig. Aufl. Frankfurt: S. Fischer 1980.

Freud, S. (1985 c). Briefe an Wilhelm Fließ 1887–1904. J. M. Masson (Hg.). Bearb. d. dtsch. Ausg. v. M. Schröter. Frankfurt: S. Fischer 1986.

Friedman, L. (1969). The therapeutic alliance. International Journal of Psycho-Analysis, 50, 139–153.

Friedman, L. (1988). The anatomy of psychotherapy. Hillsdale: The Analytic Press.

Fürstenau, P. (1964). Ich-Psychologie und Anpassungsproblem. Eine Auseinandersetzung mit Heinz Hartmann. In ders., Zur Theorie psychoanalytischer Praxis (S. 139–155). Stuttgart: Klett-Cotta 1979.

Gekle, H. (1992). Das Arbeitsbündnis ist der Stephansdom: Erkenntnistheoretische Überlegungen bei der Lektüre von Heinrich Desernos »Die Analyse und das Arbeitsbündnis« (1990). Psyche, 46, 499–533.

Gill, M. M. (1976). Die Metapsychologie ist keine Psychologie. Psyche, 38 (1984), 961–992.

Gill, M. M. (1979). The analysis of the transference. Journal of the American Psychoanalytic Association, 27 (Supplement), 263–288.

Gill, M. M. (1982). Analysis of transference. Vol. 1: Theory and technique. New York: International Universities Press.

Gill, M. M. (1984). Psychoanalysis and psychotherapy: A revision. International Review of Psycho-Analysis, 11, 161–179.

Gill, M. M. & Hoffman, J. Z. (1982 a). Analysis of transference. Vol. 2: Studies of nine audio-recorded psychoanalytic sessions. New York: International Universities Press.

Gill, M. M. & Hoffman, J. Z. (1982 b). A method for studying the analysis of resisted aspects of the patient's experience of the relationship in psychoanalysis and psychotherapy. Journal of the American Psychoanalytic Association, 30, 137–168.

Glover, E. (1955). The technique of psycho-analysis. New York: International Universities Press.

Green, A. (1975). Aktuelle Probleme der psychoanalytischen Theorie und Praxis. Psyche, 29, 503–541.

Greenson, R. R. (1965 a). Das Arbeitsbündnis und die Übertragungsneurose. Psyche, 20 (1966), 81–103 und in ders. (1978), dt. 1982, S. 151–177.

Greenson, R. R. (1965 b). Das Problem des Durcharbeitens. In ders. (1978), dt. 1982, S. 178–221.

Greenson, R. R. (1967). The technique and practice of psychoanalysis. New York: International Universities Press. Dt.: Technik und Praxis der Psychoanalyse. Übers. v. G. Theusner-Stampa. Stuttgart: Klett 1973.

Greenson, R. R. (1968). Die Verwendung von Traumsequenzen zur Aufdeckung technischer Fehler: Eine klinische Studie. In ders. (1978), dt. 1982, S. 265–282.

Greenson, R. R. (1969). Die übertragungsfreie Beziehung in der psychoanalytischen Situation. Psyche, 25 (1970), 206–230 und in ders. (1978), dt. 1982, S. 308–335.

Greenson, R. R. (1971). Die »reale« Beziehung zwischen Patient und Psychoanalytiker. In ders. (1978), dt. 1982, S. 364–379.

Greenson, R. R. (1978). Explorations in psychoanalysis. New York: International Universities Press. Dt.: Psychoanalytische Erkundungen. Übers. v. H. Weller. Stuttgart: Klett-Cotta 1982.

Grunberger, B. (1967). Das Kind in der Schatztruhe und die Vermeidung des Ödipus. In ders. (1971), Vom Narzißmus zum Objekt (S. 295–317). Übers. v. P. Canzler. Frankfurt: Suhrkamp 1976.

Gutheil, Th. G. & Havens, L. L. (1979). The therapeutic alliance: Contemporary meanings and confusions. International Review of Psycho-Analysis, 6, 467–481.

Häsing, H., Stubenrauch, H. & Th. Ziehe (Hg.) (1979). Narziß – ein neuer Sozialisationstypus? Bensheim: Päd.-Extra-Buchverlag.

Hani, A. G. (1973). The rediscovery of the therapeutic alliance. International Journal of Psychoanalytic Psychotherapy, 2, 449–477.

Hartley, D. E. & Strupp, H. H. (1983). The therapeutic alliance: Its relationship to outcome in brief psychotherapy. In J. Masling (Ed.), Empirical studies of psychoanalytic theories (pp. 1–37). Hillsdale: Analytic Press.

Herrmann, Th. (1985). Allgemeine Sprachpsychologie. München: Urban & Schwarzenberg.

Heufft, G. (1990). Bedarf es eines Konzeptes der Eigenübertragung? Forum der Psychoanalyse, 6, 299–315.

Hirsch, J. & Roth, R. (1986). Das neue Gesicht des Kapitalismus. Vom Fordismus zum Post-Fordismus. Hamburg: VSA-Verlag.

Horkheimer, M. & Adorno, Th. W. (1947). Dialektik der Aufklärung. Philosophische Fragmente. Amsterdam: Querido.

Horn, K. (1970). Aspekte der Ich-Psychologie Heinz Hartmanns. Psyche, 24, 166–172.

Horn, K. (1971). Insgeheime kulturistische Tendenzen der modernen psychoanalytischen Orthodoxie. In K. Horn, A. Lorenzer, H. Dahmer, K. Brede & E. Schwanenberg, Psychoanalyse als Sozialwissenschaft (S. 93–151). Frankfurt: Suhrkamp.

Horn, K. (1974). Der überraschte Psychoanalytiker. Psyche, 28, 395–430.

Horn, K. (1976). Psychoanalyse und gesellschaftliche Widersprüche. Psyche, 30, 26–49.

Horn, K. (1979). Zur gesellschaftlichen Funktion von Politischer

Psychologie. Subjektivierung gesellschaftlicher Widersprüche. In H. Moser (Hg.): Politische Psychologie (S. 315–331). Weinheim: Beltz.

Horn, K. (1984). Die Medizinalisierung sozialer Kontrolle und die Psychoanalyse. In H. Bareuther, H.-J. Busch, D. Ohlmeier & T. Plänkers (Hg.), Forschen und Heilen. Auf dem Weg zu einer psychoanalytischen Hochschule (S. 137–163). Frankfurt: Suhrkamp 1989.

Horn, K. & Köhler-Weisker, A. (1981). Auf der Suche nach dem wahren Selbst? Bemerkungen zu Rogers' Gesprächspsychotherapie aus der Perspektive einer sozialwissenschaftlich aufgeklärten Psychoanalyse. Neue Praxis, 11, 290–307.

Jacoby, R. (1983). Die Verdrängung der Psychoanalyse oder der Triumph des Konformismus. Übers. v. K. Laermann. Frankfurt: S. Fischer 1985.

Jahoda, M. (1977). Freud und das Dilemma der Psychologie. Übers. v. Th. Bender. »Geist und Psyche«. Frankfurt: Fischer Taschenbuch Verlag 1985.

Jones, E. (1953/55/57). Das Leben und Werk von Sigmund Freud. 3 Bände. Übers. v. K. Jones und G. Meili-Dworetzki. Bern: Huber 1960/62/62.

Kanzer, M. (1975). The therapeutic and working alliances: An assessment. International Journal of Psychoanalytic Psychotherapy, 4, 48–68.

Kanzer, M. (1981). Freud's »analytic pact«: The standard therapeutic alliance. Journal of the American Psychoanalytic Association, 29, 69–87.

Kernberg, O. (1993). Convergences and divergences in contemporary psychoanalytic technique. International Journal of Psycho-Analysis, 74, 659–673.

King, V. (1992). Geburtswehen der Weiblichkeit – verkehrte Entbindungen. In Flaake, K. & V. King (Hg.), Weibliche Adoleszenz. Zur Sozialisation junger Frauen, S. 103–125. Frankfurt: Campus.

Klüwer, R. (1983). Agieren und Mitagieren. In S. O. Hoffmann (Hg.), Deutung und Beziehung. Kritische Beiträge zur Behandlungskonzeption und Technik in der Psychoanalyse (S. 132–145). Frankfurt: Fischer Taschenbuch Verlag.

Knorr-Cetina, K. (1984). Die Fabrikation von Erkenntnis. Zur Anthropologie der Naturwissenschaft. Frankfurt: Suhrkamp.

Köhler, W. (1990). Ein Trojanisches Pferd. Kritik am psychoanalytischen Arbeitsbündnis. Rezension in: Süddeutsche Zeitung vom 21. 9. 1990.

Körner, J. (1989). Kritik der »therapeutischen Ich-Spaltung«. Psyche, 43, 385–396.

Körner, J. (1993). Psychoanalytisches Arbeitsbündnis. In Mertens, W. (Hg.), Schlüsselbegriffe der Psychoanalyse (S. 309–321). München/Wien: Verlag Internationale Psychoanalyse.

Kriz, J. & Lisch, R. (1988). Methodenlexikon für Mediziner, Psychologen und Soziologen. München: Psychologie Verlags Union.

Kubie, L. S. (1956). The use of psychoanalysis as a research tool. Psychiatry Research Reports, 6, 112–136.

Kutter, P. (1984). Psychoanalyse in der Bewährung. Methode, Theorie und Anwendung. Frankfurt: Fischer Taschenbuch Verlag.

Langs, R. J. (1975). Therapeutic misalliances. International Journal of Psychoanalytic Psychotherapy, 4, 77–105.

Langs, R. J. (1976). The therapeutic interaction. Vol. 1: A critical overview and synthesis. Vol. 2: Abstracts of the psychoanalytic literature. Chapt. 8: The therapeutic and working alliances (pp. 185–224). New York: Aronson.

Leites, N. (1971). The new ego. Pitfalls in current thinking about patients in psychoanalysis. New York: Science House.

Leuschner, W. (1989). Über ein telepathisches Phänomen. Psyche, 43, 415–428.

Lewin, B. D. (1955). Dream psychology and the analytic situation. In J. A. Arlow (Ed.), Selected writings of B. D. Lewin (pp. 264–290). New York: Psychoanalytic Quarterly 1973.

Lewis, D. (1969). Konventionen. Eine sprachphilosophische Abhandlung. Übers. v. R. Posner und D. Wenzel. Berlin: de Gruyter 1975.

Loewenstein, R. M. (1965). Observational data and theory in psychoanalysis. In M. Schur (Ed.), Drives, affects, behavior, Vol. 2 (pp. 38–59). New York: International Universities Press.

Loewenstein, R. M., Newman, L. M., Schur, M. & Solnit, A. J. (Hg.) (1966). Psychoanalysis – a general psychology. New York: International Universities Press.

Lorenzer, A. (1970). Sprachzerstörung und Rekonstruktion. Vorarbeiten zu einer Metatheorie der Psychoanalyse. Frankfurt: Suhrkamp.

Lorenzer, A. (1974). Die Wahrheit der psychoanalytischen Erkenntnis. Ein historisch-materialistischer Entwurf. Frankfurt: Suhrkamp.

Lorenzer, A. (1984). Intimität und soziales Leid. Archäologie der Psychoanalyse. Frankfurt: S. Fischer.

Luborsky, L. (1976). Helping alliances in psychotherapy. In J. L. Claghorn (Ed.), Successful psychotherapy (pp. 92–116). New York: Brunner & Mazel.

Luborsky, L. (1984). Principles of psychoanalytic psychotherapy. A manual. New York: Basic Books (dt.: Einführung in die analytische Psychotherapie. Ein Lehrbuch. Übers. v. H.-J. Grünzig. Berlin: Springer 1988).
Marcuse, H. (1964). Der eindimensionale Mensch. Studien zur Ideologie der fortgeschrittenen Industriegesellschaft. Übers. v. A. Schmidt. Neuwied: Luchterhand 1967.
May, U. (1976). Psychoanalyse in den USA. In Die Psychologie des 20. Jhdts., Bd. 2 (S. 1219–1264). München: Kindler.
Meissner, W. W. (1992). The concept of the therapeutic alliance. Journal of the American Psychoanalytic Association, 40, 1059–1087.
Mentzos, S. (1973). Psychoanalyse – Hermeneutik oder Erfahrungswissenschaft? Psyche, 27, 832–849.
Mentzos, S. (1976). Interpersonale und institutionalisierte Abwehr. 2., erweiterte Auflage 1988. Frankfurt: Suhrkamp.
Mentzos, S. (1982). Neuerotische Konfliktverarbeitung. Einführung in die psychoanalytische Neurosenlehre unter Berücksichtigung neuer Perspektiven. 2. Aufl. Frankfurt: Fischer Taschenbuch Verlag 1985.
Morgenthaler, F. (1978). Technik. Zur Dialektik psychoanalytischer Praxis. Frankfurt: Syndikat.
Morgenthaler, F. (1984). Homosexualität, Heterosexualität, Perversion. Frankfurt: Qumran.
Morgenthaler, F. (1986). Der Traum. Fragmente zur Theorie und Technik der Traumdeutung. Herausgg. von P. Parin, G. Parin-Matthèy, M. Erdheim, R. Binswanger & H.-J. Heinrichs. Frankfurt: Campus.
Neyraut, M. (1974). Die Übertragung. Übers. v. E. Moldenhauer. Frankfurt: Suhrkamp 1976.
Nunberg, H. (1925). Über den Genesungswunsch. Internationale Zeitschrift für Psychoanalyse, 11, 179–193.
Nunberg, H. (1928). Probleme der Therapie. Internationale Zeitschrift für Psychoanalyse, 14, 441–457.
Nunberg, H. (1932). Allgemeine Neurosenlehre auf psychoanalytischer Grundlage. 2., erweit. Aufl. Bern: Huber 1959. 3., unveränd. Aufl. 1971.
Paolino, Th. J. jr. (1981). Psychoanalytic psychotherapy. New York: Brunner & Mazel.
Peterfreund, E. (1983). The process of psychoanalytic therapy. Models and strategies. Hillsdale: Analytic Press.
Plänkers, T. (1982). Anpassung als Thema psychoanalytischer und psychologischer Theorien des Subjekts und die therapeutischen Konsequenzen. Marburg: Dissertationsdruck.

Racker, H. (1978). Übertragung und Gegenübertragung. München: Reinhardt.

Radó, S. (1926). Das ökonomische Prinzip der Technik. Internationale Zeitschrift für Psychoanalyse, 12, 15–24.

Ramzy, J. & Shevrin, H. (1976). The nature of the inference process in psychoanalytique interpretations: A critical review of the literature. International Journal of Psycho-Analysis, 57, 151–159.

Rank, O. (1924). Das Trauma der Geburt. Wien: Internationaler Psychoanalytischer Verlag.

Reich, W. (1925). Der triebhafte Charakter. Wien: Internationaler Psychoanalytischer Verlag.

Reich, W. (1926). Die Funktion des Orgasmus. Wien: Internationaler Psychoanalytischer Verlag.

Reich, W. (1933). Charakteranalyse. Technik und Grundlagen für Studierende und praktizierende Analytiker. Wien: Internationaler Psychoanalytischer Verlag.

Reiche, R. (1968). Sexualität und Klassenkampf. Zur Abwehr repressiver Entsublimierung. Frankfurt: Neue Kritik.

Reiss, L. (1970). Freizügigkeit, Doppelmoral, Enthaltsamkeit. Reinbek: Rowohlt.

Rogers, C. R. (1957). The necessary and sufficient conditions of therapeutic personality change. Journal of Consulting Psychology, 21, 95–103.

Sandler, J., Dare, C. & A. Holder (1973). Die Grundbegriffe der psychoanalytischen Therapie. Übers. v. H. Vogel. Stuttgart: Klett 1973. 2., revid. u. erweit. Aufl. von J. Sandler & A. U. Dreher unter dem Titel The patient and the analyst. London: Karnac 1992.

Schlieffen, H. Graf von (1983). Psychoanalyse ohne Grundregel. Psyche, 37, 481–496.

Schneider, C. (1991). Zwischen Philosophie und Wissenschaft. Anmerkungen zum historischen Stellenwert der Psychoanalyse. In Jüttemann, G., Sonntag, M. & Chr. Wulf (Hg.), Die Seele. Ihre Geschichte im Abendland. Weinheim: Psychologie Verlags Union

Schülein, J. A. (1976). Psychotechnik als Politik. Zur Kritik der Pragmatischen Kommunikationstheorie von Watzlawick et al. Frankfurt: Syndikat.

Sharpe, E. Freeman (1930/31). The technique of psycho-analysis. Seven lectures. In dies., Collected Papers on Psycho-Analysis. Edited by M. Brierley. London: The Hogarth Press 1968.

Spence, D. P. (1982). Narrative truth and historical truth. New York: Norton.

Stein, C. (1977). Le secteur réservé du transfert. In ders., La Mort d'Oedipe. La psychanalyse et sa pratique (S. 211–231). Paris: Denoel/Gonthier.
Stein, M. H. (1981). The unobjectionable part of the transference. Journal of the American Psychoanalytic Association, 29, 869–892.
Sterba, R. (1929). Zur Dynamik der Bewältigung des Übertragungswiderstandes. Internationale Zeitschrift für Psychoanalyse, 15, 456–470.
Sterba, R. (1934). Das Schicksal des Ichs im therapeutischen Verfahren. Internationale Zeitschrift für Psychoanalyse, 20, 66–73.
Sterba, R. (1982). Erinnerungen eines Wiener Psychoanalytikers. Frankfurt: Fischer Taschenbuch Verlag 1985.
Stone, L. (1954). The widening scope of indications for psychoanalysis. Journal of the American Psychoanalytic Association, 2, 567–594.
Strachey, J. (1934). Die Grundlagen der therapeutischen Wirkung der Psychoanalyse. Internationale Zeitschrift für Psychoanalyse, 21 (1935), 486–516.
Strachey, J. (1936). Zur Theorie der therapeutischen Resultate der Psychoanalyse. Internationale Zeitschrift für Psychoanalyse, 23 (1937), 68–74.
Strean, H. S. (1979). The unanalyzed positive transference and the need for reanalysis. Psychoanalytic Review, 66, 493–506.
Sulloway, F. J. (1979). Freud, Biologe der Seele. Jenseits der psychoanalytischen Legende. Übers. v. H.-H. Henschen. Köln-Lövenich: Hohenheim 1982.
Swaan, A. de (1978). Zur Soziogenese des psychoanalytischen »Settings«. Psyche, 32, 793–826.
Thomä, H. (1981). Die Aktivität des Psychoanalytikers als Determinante des therapeutischen Prozesses. In ders., Schriften zur Praxis der Psychoanalyse: Vom spiegelnden zum aktiven Psychoanalytiker (S. 21–93). Frankfurt: Suhrkamp.
Thomä, H. (1984). Der Beitrag des Psychoanalytikers zur Übertragung. Psyche, 38, 29–62.
Thomä, H. & Kächele, H. (1985/1988). Lehrbuch der psychoanalytischen Therapie. Bd. 1: Grundlagen, Bd. 2: Praxis. Berlin: Springer.
Ticho, E. A. & Ticho, G. R. (1969). Das Behandlungsbündnis und die Übertragungsneurose. Jahrbuch der Psychoanalyse, 6, 19–34.
Uexküll, Th. von & Wesiack, W. (1988). Theorie der Humanmedizin. Grundlagen ärztlichen Handelns. München: Urban & Schwarzenberg.

Waelder, R. (1941/42). Five lectures on psychoanalytic technique. In S. A. Guttman & J. Kagan Guttman (Eds.), Psychoanalytic Quarterly, 56 (1987), 1–67.

Weinshel, E. M. (1984). Some observations on the psychoanalytic process. Psychoanalytic Quarterly, 53, 63–92.

Winnicott, D. W. (1986). Holding and interpretation. New York: Grove Press.

Zetzel, E. R. (1956). Das Konzept der Übertragung. In dies. (1970), S. 170–183.

Zetzel, E. R. (1958). Das therapeutische Bündnis bei der Hysterie-Analyse. In dies. (1970), S. 184–198.

Zetzel, E. R. (1966). Die analytische Situation und der analytische Prozeß. In dies. (1970), S. 199–216.

Zetzel, E. R. (1970). Die Fähigkeit zu emotionalem Wachstum. Übers. v. G. Theusner-Stampa. Stuttgart: Klett 1974.

Zweig, S. (1931). Die Heilung durch den Geist. Mesmer, Mary Baker-Eddy, Freud. Frankfurt: S. Fischer 1983.

Namen- und Sachregister